bible
성경과 역사의 만남
history

이만적 지음

| 철학과 역사의 만남 부록 |

이만적 지음

인문학동네

<성경과 역사의 만남> 집필의 계기

　교육자는 강단에서 자신의 정치관과 종교관을 드러내면 안된다고 생각해왔습니다. 시민들이 스스로 자신의 정치관과 종교관을 선택하게 하여 능동적이고 주체적인 시민이 될 수 있도록 중립을 지키는 것이 교육자의 의무라고 생각했기 때문입니다. 그래서 이 책을 집필하기에 앞서 잠시 고민에 빠졌었습니다.
　결국 집필을 결정한 것은 다음의 두 가지 이유 때문입니다.
　첫째, 성경은 신앙서이지만 동시에 철학서이기도 합니다. 현재 《윤리와 사상》 교과서에서 다루고 있는 기독교의 내용을 살펴보면 다른 사상과 비교해 볼 때 상대적으로 적은 분량을 할애하고 있어 이를 보완할 필요성이 있었습니다.
　둘째, 성경은 신앙서이지만 동시에 역사서이기도 합니다. 현재 《세계사》 교과서에서 오리엔트 세계에 대한 내용을 살펴보면 다른 시대와 비교해 볼 때 상대적으로 적은 분량을 할애하고 있어 이를 보완할 필요성이 있었습니다.
　이러한 두 가지 이유가 저의 고민을 접고 《철학과 역사의 만남》의 부록인 <성경과 역사의 만남>을 집필하게 된 계기가 되었습니다.
　아무쪼록 이 부록이 기독교 신자들과 비기독교 신자들 모두에게 성경과 오리엔트 세계에 대한 이해와 흥미를 가질 수 있는 계기가 되길 바랍니다.

Ⅲ 부록

1. 아브라함과 메소포타미아 문명(성경 : 갈대아)
2. 야곱, 요셉과 이집트 문명(성경 : 애굽)
3. 모세의 출애굽과 히타이트 제국(성경 : 헤테)
4. 삼손과 해양 민족(성경 : 블레셋)
5. 사울, 다윗, 솔로몬과 페니키아(성경 : 시돈과 두로)
6. 이스라엘의 멸망과 아시리아 제국(성경 : 앗수르)
7. 유다의 멸망과 신바빌로니아 제국(성경 : 바벨론)
8. 성전, 성벽 재건과 페르시아 제국(성경 : 바사)
9. 구약과 신약 사이(헬레니즘 시대 / 헬라 제국)
10. 신약과 로마의 황제들

1. 아브라함과 메소포타미아 문명 (성경 : 갈대아)

아브라함의 고향 메소포타미아

아브라함은 유대교, 기독교, 이슬람교에서 모두 공통적으로 믿음의 아버지로 생각하는 인물이다. 아브라함은 원래 우르에서

▲ 아브라함

살고 있었는데 하란을 거쳐 가나안 지역으로 이주했다. 우르란 수메르인들이 문명을 시작한 메소포타미아 지역에 있는 도시이다.

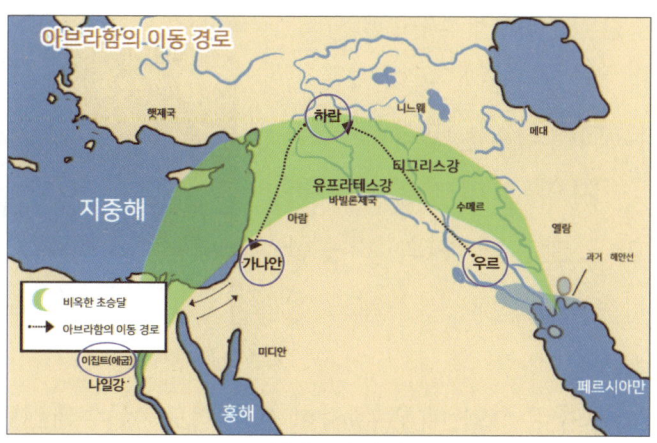

▲ 비옥한 초승달 지대

비옥한 초승달 지대

오리엔트는 로마 언어인 라틴어로 '태양이 뜨는 곳'이라는 뜻으로, 오리엔트 지방이란 메소포타미아 지역과 이집트 지역을 의미하며 초승달 모양처럼 생겨 비옥한 초승달 지대라고도 한다.

메소포타미아 지역에는 유프라테스강과 티그리스강이 있는데 메소포타미아는 그리스어로 강과 강 사이라는 뜻이다. 메소포타미아는 아랍어로는 '강가의 땅'이라는 뜻을 지닌 '이라크'라고 불리니 그리스어인 메소포타미아와 아랍어인 이라크는 거의 같은 뜻이다. 성경에서 나오는 갈대아 지역이란 메소포타미아 지역을 말한다. 메소포타미아에 수메르인이 출현한 것은 기원전 3500년경이다.

홍수

수메르인의 기록에 의하면 구약의 이야기와 유사한 이야기들이 많이 기록되어 있다. 구약에는 여호와가 남자의 갈비뼈로 여자를 만들었다고 했는데 이와 비슷한 이야기가 수메르인의 기록에도 전해지고 있다.

▲ 노아의 홍수

또한 노아의 홍수와 매우 유사한 이야기도 이 수메르인의 기록에 나와 있다. 수메르인의 기록이 구약의 기록보다 더 빠르기 때문에 구약이 수메르인의 기록을 모방했다는 설이 제기되는바 이는 논란의 여지가 있다. 수메르인의 기록보다 더 앞선 기록이 있었는데 전해지지 않을 수도 있기 때문이다.

수메르인의 홍수 이야기는 다음과 같다.

신들은 자신들이 창조해낸 인간들이 원래의 의무인 신들에 대한 봉사를 게을리 하고 제멋대로 행동하자 모든 인간을 없애기로 결정했다. 이 가혹한 처사에 불만을 가진 한 신이 몰래 왕이면서 사제인 지우수드라에게 이 결정을 알렸다. "신들이 인류를 없애기 위해 대홍수를 일으키기로 결정했다. 너는 배를 만들어 가족과 모든 생물의 종자를 싣도록 하라. 홍수는 7일간 쉬지 않고 계속될 것이다." 지우수드라는 신의 명령대로 행했다. 홍수가 시작된 이후 7일째가 되자 신의 말대로 폭풍이 멎었고 하늘은 맑아졌다. 그리고 배는 산꼭대기에 멈추었다. 이 산에서 6일을 보낸 후 7일째 되던 날 지우수드라는 물이 빠졌는지 알아보기 위해 비둘기를 날려 보냈다. 그리고 비둘기는 곧바로 되돌아왔다. 다음에는 제비를 날려 보냈으나 역시 되돌아왔다. 마지막으로 큰 까마귀를 날려 보냈는데 모이를 찾아 떠난 후 다시는 돌아오지 않았다. 이제 물이 완전히 빠졌음을 안 지우수드라는 가족과 함께 배에서 나와 산꼭대기에 올라 모든 신들에게 제사를 올렸다.

유프라테스강과 티그리스강의 홍수는 아르메니아 지방의 눈이 녹으면서 발생하는데 보리의 수확이 시작될 시기인 4, 5월경 시작되는 경우가 많았다. 그러나 그 주기가 불규칙하였기 때문에 아마 하룻밤의 홍수로 일가가 전멸되는 예가 많았을 것이다. 이러한 수메르인의 불안하고도 덧없는 심정이 홍수

신화로 전해지는 것이다. 수메르인들의 기록에 의하면 홍수가 끝난 뒤 수메르의 역사가 시작되었다고 한다.

수메르 문명   메소포타미아의 남부 바빌로니아에 수메르인이 도시 국가를 만든 시기는 기원전 3천 년경 내지 2700년경으로 추정한다.

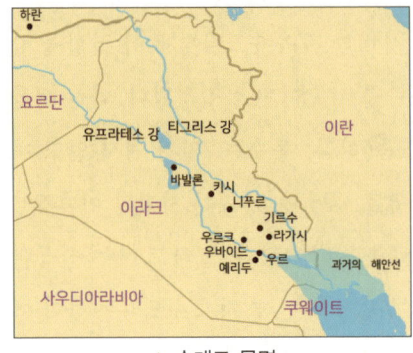
▲ 수메르 문명

이미 메소포타미아 지역에서는 기원전 3천 년대 초반에 구리와 주석의 합금인 청동을 만드는 청동기 시대가 시작되었다. 당연히 이 지역 도시 국가들은 청동기를 기반으로 성립되었다. 이들 우르, 키시, 니푸르, 라가시 등의 도시 국가들은 각기 자신들의 신을 섬겼는데 그 중 니푸르의 신인 '엔릴'은 고바빌로니아의 대표신으로서 여러 도시의 종교적 중심이 되었다. 엔릴은 우주 최고의 신 '아누'의 아들인데 대기와 폭풍과 홍수의 신이었다. 엔릴이 지배하는 자연 현상은 수메르인이 가장 두려워하던 것이었다. 이 엔릴 신을 중심으로 여러 도시 국가는 느슨한 연맹체를 형성하였다. 도시 국가끼리 회합이 필

▲ 엔릴

엔릴(오른쪽)의 앞에 생명의 나무가 위치해 있다.

요할 때에는 각국의 지배자들이 엔릴을 모시는 니푸르에 모여 동질성을 강조했으며 왕의 즉위식도 그곳에서 행해졌다.

이는 이후 그리스 여러 도시 국가의 양상과 유사하다. 그리스의 도시 국가들도 정치적으로 하나의 통일 국가를 형성하지는 못했지만 자신들 모두가 헬렌의 후손이라고 생각하며 함께 델피 신전에 기도했으며 4년마다 올림피아의 제우스 신전에 모여 올림피아 제전에 참가했다.

지구라트

수메르인들은 자신들의 신을 위해 수많은 지구라트를 만들었다. 지구라트는 '높은 봉우리'라는 뜻이다. 수메르인은 메소포타미아 지역에 진출하기 전에 산지에 살았고 산의 정상에서 신에 대한 제사를 거행했었는데 메소포타미아 지역에는 산이 없었기에 산 모양의 지구라트를 만들었다는 설이 있다. 성경에는 이 지구라트가 바벨탑이란 이름으로 나온다. 이스라엘 언어인 히브리어로 '바벨'이란 명칭은 원래 아카드어인 '바빌림'이 잘못 전해진 것이다. '바빌림'은 '신의 문'이란 뜻인데, 히브리어의 비슷한 발음인 바벨, 즉 '혼돈, 혼잡'으로 오역된 것이다. 그리스어로 '바빌림'을 '바뷸론'이라고 한다. 또한 이 지역을 그리스어로 바뷸로니아, 영어로는 바빌로니아라고 부른다. 현재 메소포타미아 지역에서는 30개 이상의 신전인 지구라트가 발견되는데 이는 한 국가가 일정 시기에 모두 만든 것이 아니라 기원전 4천 년 말에서 기원전 천 년경 사이에 여러 민족들이 건조한 것으로 그 형태도 다양하다.

▲ 지구라트

▲ 바벨탑

　도시의 주민들은 곡식을 수확하거나 가축이 새끼를 낳는다든지 하면 세금 혹은 제물로서 신에게 바치기 위하여 일부를 신전으로 가져왔다. 그 수량을 기록하고 영수증을 만들어야 할 필요성으로 문자가 발명되었다. 그리고 오늘날 우리는 이 문자를 통해 수메르인의 역사를 알게 된 것이다. 수메르인들은 1분을 60초로 계산하는 60진법, 태음력 등을 만들어 우리 인류에게 많은 영향을 주었으며 그들이 만든 수로와 저수지는 근대에 들어서 튀르크족에 의해 파괴될 때까지 이 지역의 농경에 큰 도움을 주었다.

▲ 쐐기 문자

수메르인들은 설형 문자(楔形文字, 楔―쐐기 설)를 만들었기에 우리는 오늘날 그들의 존재와 생각을 알 수 있다. 갈대 펜이나 금속으로 만든 필기구로 점토판에 글을 새긴 유물이 남아 있는데 필기구의 끝을 세모로 깍은 모양이 쐐기를 닮았다고 해서 쐐기 문자라고 한다.

사르곤과 수메르 복고 시대

구약에 의하면 아브라함은 대홍수 이후 다시 땅 위를 채우기 시작한 노아의 세 아들의 후손들(셈, 함, 야벳) 가운데 셈의 후손인 데라의 아들이다.

기원전 24세기 북방의 도시 국가 아카드의 왕 사르곤이 메소포타미아의 패권을 차지하자 그에 의하여 독립성을 갖추던 여러 도시들이 하나의 통일 국가로 병합되었다.

▲ 사르곤 왕

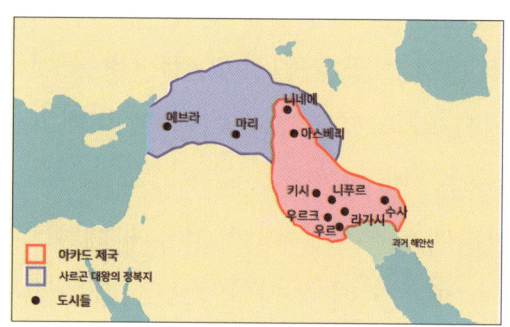
▲ 아카드 제국의 영토

아카드인들은 메소포타미아를 넘어 지도처럼 거대한 아카드 제국(기원전 2350~2050)을 형성하였다.

이 전제적인 아카드의 왕은 푸른 목장에서 양떼를 지키는 기존의 태평한 목자의 모습과는 달랐다. 최초로 메소포타미아 지역을 통일한 아카드인의 나라는 2백 년간 메소포타미아를 통치했다.

이후 아카드 제국이 붕괴하고 다시 수메르인들의 시대가 되니 이 시대를 수메르 복고 시대(기원전 2050~1950)라고 한다. 이 시대에 인류 최고(最古)의 법전인 《우르남무 법전》이 만들어졌다.

하란을 거쳐 가나안으로

데라는 아들 아브라함을 데리고 우르를 떠나 하란으로 갔다. 하란은 메소포타미아와 가나안의 중간에 위치한 도시로서 우르와 동일하게 달의 신을 숭상했다.

우르를 떠난 시기에 대하여는 두 가지 설이 있다. 기원전 2100년경 설과 기원전 1900년경 설이다. 기원전 2100년경은 아카드 제국 후반 시기이며 기원전 1900년경은 수메르 복고 시대의 후반 시기이다.

성경에는 우르를 떠난 이유에 대해 나오지는 않지만 아브라함이 하란을 떠나 가나안으로 간 이유에 대해서는 기록하고 있다. 그것은 바로 여호와의 명령이었다.

아브라함은 이복동생인 사라와 결혼한다. 바로 족내혼이 등장하는데 우리 역사에서 고려의 왕건이 외척의 횡포를 방지하기 위해 자식들을 서로 결혼시킨 것과도 유사하다. 아브라함은 사라와의 사이에 자식이 없자 여종인 하갈과 동침하여 이스마엘을 낳는다. 이후 사라가 이삭을 출산하자 하갈과 이스마엘은 추방되어 현재 아랍 민족의 조상이 된다.

▲ 하갈과 이스마엘을 추방하는 아브라함

이슬람교의 경전 쿠란에 의하면 아브라함은 알라의 지시에 따라 아라비아반도의 메카로 이들 하갈과 이스마엘을 데려왔다고 기록하고 있다.

메카에 온 하갈은 아들에게 물을 주기 위해 근처에 있는 두 개의 언덕 사이를 오가며 헤매게 된다. 지금도 이슬람교의 순례자들은 하갈과 이스마엘의 이러한 고통을 기억하기 위해 두 언덕 사이를 일곱 번 왕래하는 의식을 행한다.

▲ 하갈과 이스마엘

쿠란에는 아브라함은 이브라힘, 하갈은 하자르, 이스마엘은 이스마일이라는 아랍식 이름으로 기록하고 있다.

▲ 유대교, 기독교, 이슬람교

알라는 여호와와 동일한 신이다. 하지만 유대교와 이슬람교는 모두 예수를 신으로 보지 않는다. 유대교는 예수를 신성 모독자로 여기며 이슬람교는 예수를 신이 아니라 모세, 무함마드와 같은 예언사로 본다. 이슬람교는 득히 무함마드를 가장 포괄적이고 완전하며 최종직 게시를 진한 예언자로 여긴다.

이처럼 아브라함은 유대교, 기독교, 이슬람교 모두가 믿음의 아버지라고 여기는 인물이다.

2. 야곱, 요셉과 이집트 문명 (성경 : 애굽)

아브라함이 떠난 이후의 메소포타미아

▲ 함무라비 왕

수메르 복고 시대가 끝나고 메소포타미아 지역을 아무루인의 바빌로니아가 재통일하였다. 이 아무루인의 바빌로니아 왕국은 이후 등장하는 신바빌로니아 왕국과 구별하여 고바빌로니아 왕국이라고 한다.

이 시기에는 강한 더위 때문에 수메르 지방에 있는 농경지의 수분이 증발하면서 염분농도가 올라가 밭농사의 생산력이 크게 떨어졌다. 이에 농경의 중심지가 바빌론으로 이동하게 되고 이 지역이 메소포타미아의 중심 지역이 되었다.

고바빌로니아 왕국의 함무라비 왕(재위 기원전 1792~기원전 1750)은 아카드의 사르곤 왕이 이룩하였듯이 메소포타미아를 통일하였다. 구약에 나오는 아므라벨을 함무라비 왕으로 추정하기도 한다.

함무라비 왕에 의해 바빌론의 신인 마르두크는 영향력이 점점 증가해서 거의 국가신이 되었다.

▲ 마르두크
마르두크는 바빌로니아의 주신이다.

▲ 함무라비 법전

함무라비 왕은 자신이 정한 법을 8피트의 돌기둥에 새겼다. 이 돌기둥은 자신의 제국 여러 군데에 설치되었다.

함무라비 왕은 또한 《함무라비 법전》을 만들었는데 법전의 첫 번째 특징은 '눈에는 눈, 이에는 이'라는 철저한 보복주의였다. 사람이 사람의 눈을 멀게 하거나 뼈를 부러뜨리는 경우에는 가해자의 눈을 멀게 하고 뼈를 부러뜨린다는 내용이다. 두 번째 특징은 고의와 우발의 차별을 구별하지 않는 것으로서 우발적 사고에 의한 살인도 처벌한다. 《함무라비 법전》의 세 번째 특징은 신분적 차별이 강하다는 점이다.

야곱

아브라함의 아들 이삭은 에서와 야곱을 낳는다. 에시가 징자임에도 야곱이 후계자가 된다. 야곱은 잠시 외삼촌 집인 하란에서 생활하게 된다. 외삼촌은 야곱에게 자신의 딸들과 결혼하기 위한 조건으로 노동력 제공을 요구하게 된다.

▲ 야곱을 후계자로 정하는 이삭

이는 우리나라 고구려의 서옥제와 유사하다. 고구려의 서옥제는 남자가 혼인 후 일정 기간 처가에서 살며 노동력을 제공하다 이후 남자 집으로 돌아오는 제도인데 노동력을 중시하는 고대 사회의 특징이다.

하란에서 돌아온 야곱은 이후 외삼촌 라반과 형의 위협에 직면하게 된다. 이때 하나님이 천사로 나타나 야곱과 씨름을 하게 되는데 결국 야곱이 이겨 천사로부터 이스라엘이라는 이름을 얻게 된

▲ 천사와 씨름하는 야곱

다. 천사는 '네가 하나님과 겨루어 이겼고, 사람과도 겨루어 이겼기 때문이다.' 라고 하며 이스라엘이란 이름을 주는데 이스라엘(isra-el)이란 하나님(el)과 씨름을 했다는 뜻이다. 이후 야곱의 후손들은 이스라엘 민족이 된다.

야곱은 12명의 아들을 낳는데 이 중 유다와 요셉이 있었다. 유다의 후손 중에 다윗과 예수가 태어난다. 야곱이 12명의 아들 중 요셉을 각별히 총애하자 형들이 시기를 하게 되어 요셉은 이집트에 노예로 팔려간다. 하지만 이집트 파라오의 총애를 받아 총리까지 올라 이후 야곱과 형들을 불러들여 야곱 가족은 이집트(성경 : 애굽)로 건너가게 된다. 이러한 시기를 대략 기원전 1700년경으로 보는 설이 있다.

이집트 문명

그리스의 역사학자 헤로도토스는 다음과 같은 기록을 남겼다. '이집트는 나일의 선물이다. 나일강이 범람하여 관개가 되는 토지가 이집트이며, 그 강의 물을 마시는 이는 이집트인이다. 그들은 삽으로 밭이랑을 일으키는 고생도, 땅을 깊이 가는 고생도, 다른 인간이 수확에 관해서 애쓰는 어떠한 일을 하는 고생도 함이 없이, 강이 스스로 수량을 더하여 와서는 그들의 전답에 물을 대며, 그것이 또 원래의 상태로 감수되면, 바로 각자가 전답에 씨를 뿌리고 거기에다 돼지를 풀어 씨를 밟게 하면 그 뒤엔 수확을 기다릴 뿐이며, 그것도 돼지를 이용해서 곡식을 뿌리째 뽑게 한 다음 거두어들이는 것이다.'

유프라테스강과 티그리스강의 홍수는 노아의 홍수처럼 모든 것을 휩쓸었다. 그러나 나일강의 범람은 정기적으로 일어나며, 물의 증감도 완만하여 집이나 농토를 일거에 휩쓸어 버리는 것이 아니었다. 오히려 비료가 필요 없을 만큼의 비옥한 퇴적 물질을 대지에 덮어 주었다. 이 옥토와 아열대 기후 일조량의 혜택으로 적당한 관개 작업만 게을리 하지 않는다면 비료를 쓰지 않더라도 연 2회의 농작물 수확이 가능했다.

오늘날 이집트의 면적은 한반도의 5배에 달하지만 국토의 대부분은 불모의 사막이다. 지금 현재도 이집트는 국토의 96프로가 사막이며 나머지 4프로 가운데 2.6프로만이 밭으로 경작 가능하다. 즉 사람이 살 수 있는 땅은 나일강 하류의 삼각주와 좁고 긴 계곡 지대에 국한된다. 나일강은 유로가 긴 데

▲ 이집트 지도

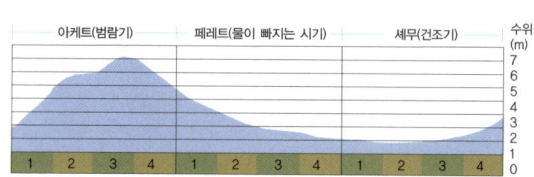

규칙적으로 범람하는 강의 시기를 미리 볼 수 있는 달력이 필요했기 때문에 태양력이 제작되었다. 이 달력을 이후 카이사르가 로마에 가져가 율리우스력이 만들어졌으며 이는 현재 우리가 사용하는 태양력의 기초가 되었다.

▲ 나일강의 범람

비해서, 경작이 가능한 동서의 폭은 매우 좁다. 보통 폭이 10킬로미터가 안되며 넓은 곳도 20~30킬로미터에 불과하며 국민의 99퍼센트가 바로 이 지역에 거주하고 있다.

  이 지역에서 문명이 발생한 시기는 수메르인이 메소포타미아에서 문명을 건설한 시기와 비슷한 것으로 추정된다. 비록 나일강이 이집트에 내려진 선물이라 할지라도 치수 사업은 필수적이었으며 이를 통하여 이집트인들은 뛰어난 기하학, 천문, 역법 등의 지식을 배워 나갔다. 또한 대규모의 공동 작업을 필요로 하여 수십 개의 소왕국으로 통합이 이루어져 나갔다.

  그리고 대략 기원전 2850년경 상 이집트의 메네스라는 전설적인 왕이 등장하여 상·하 이집트를 통일한다. 메네스는 지금의 이집트 수도인 카이로 근처에 위치한 멤피스에 새 수도를 마련하였다. '커다란 집에 사는 사람'이란 뜻인 파라오(성경 : 바로)는 상 이집트, 하 이집트 두 왕조의 왕으로서 상·하 이집트의 왕이라고 칭했으며 양국의 왕관을 결합한 이중 왕관을 썼다. 상 이집트는 백색 왕관을, 하 이집트는 적색 왕관을 썼는데 파라오는 이를 통합한 이중 왕관을 쓰게 된 것이다.

▲ 이집트의 왕관

왼쪽부터 상 이집트, 하 이집트의 왕관이다. 그리고 맨 오른 쪽은 상하 이집트의 이중 왕관이다.

동물 숭상에서 태양 숭상으로

고대 이집트의 신은 새, 악어, 하마, 개, 고양이, 소 등 동물의 형태였다. 특히 고양이를 숭배하여 쥐를 잡게 한 것도 이집트인이 최초였다. 하지만 고왕국의 등장으로 태양신이 숭배되기 시작했고 왕권도 강화되어 나갔다. 메소포타미아 지역의 왕은 단지 인간에 불과했으나 이집트의 파라오는 바로 신 그 자체였다.

▲ 태양신 레

메소포티마아 지역은 개방적이어서 이민족의 침입이 잦아 왕권이 약했으며 현세적이었다. 반대로 이집트는 폐쇄적 지형으로 왕권이 강력했으며 내세적이었다.

메소포타미아는 견고한 성벽으로 둘러싸인 도시 국가가 많았지만 이집트는 전혀 그러한 유적이 발견되지 않는다. 이집

▲ 파피루스

나일강에서 자라는 파피루스 갈대의 줄기를 가늘게 잘라서 종이처럼 사용했다. 이 파피루스(Papyrus)에서 Paper란 말이 나왔다.

트는 남쪽으로는 폭포가 막고 있으며 북쪽으로는 지중해가 막고 있다. 동서로는 끝없는 사막에 둘러싸여 있으니 이런 폐쇄적 지형이 바로 강력한 왕권을 형성시켜준 것이다. 따라서 이 강력한 파라오의 영원불멸한 삶을 위해 거대한 피라미드를 만들게 했다. 사막의 간단한 무덤에 매장된 시체가 천연적으로 미라화되는 현상도 피라미드 건설에 영향을 주었다.

고왕국

이집트의 역사는 크게 고왕국, 중왕국, 신왕국 시대로 구분된다. 메네스가 이집트를 통일한 기원전 2850년부터 중왕국이 들어서는 2200년경까지를 고왕국 시기라고 한다.(이집트의 시대 구분은 최창모 교수의 기준에 따름)

▲ 오시리스

이때 지배자인 파라오는 태양신 레의 아들이었다. 파라오는 죽고 나면 저승과 나일강의 신인 오시리스와 결합되어 한 몸이 된다. 그리하여 저승에서 파라오는 신으로 부활하여 나일강의 범람을 조절하며 그로 인해 곡식은 결실을 맺게 되는 것이다.

또한 파라오는 살아 있는 신이기에 모든 국토가 그의 재산일 정도로 왕권이 강력했다. 고왕국 시대 이처럼 강력한 파라오의 왕권으로 거대한 피라미드가 많이 세워져 이를 피라미드 시대라고 부른다.

▲ 피라미드와 스핑크스
스핑크스의 얼굴은 파라오의 용모로 추정된다.

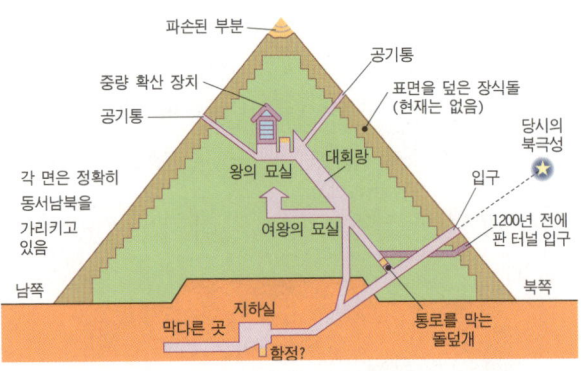
▲ 피라미드의 구조

중왕국

고왕국은 나일강의 범람 수위가 낮아져 생태계 위기가 발생하는 동안에 멸망했다. 외부의 침입이 아니라 내부의 여러 다양한 혼란상황으로 인하여 붕괴한 것이다.

고왕국이 붕괴되고 기원전 2200년경 이집트는 테베의 한 지방 귀족에 의해 다시 통일되어 중왕국 시대가 시작됐다. 테베의 신은 아몬이기에 태양신 레와 동일시되면서 '아몬 레'라는 새로운 신이 등장했다. 중왕국의 파라오들은 고왕국처럼 강한 힘이 없었다. 반대로 지방 귀족들의 힘이 커졌다. 이에 지방 귀족들도 파라오처럼 내세에서 오시리스와 결합할 수 있다고 생각하여 자신들도 미라를 만들었다. 대신 파라오의 힘이 약화되었기에 이때는 거대한 피라미드가 건설되지 못했다.

중왕국 시대 파라오의 조각상 표정은 고통과 근심에 가득 차 있는데 비해 귀족의 모습은 매우 사실적으로 표현되어 있다. 이는 그만큼 파라오의 힘이 약화되고 귀족의 힘이 커지게 되었음을 의미한다.

중왕국 시기의 중심지는 테베였으며 여러 지방 군주들의 반란과 폭동으로 인한 혼란기였다. 중왕국 시기의 후반부에 아시아로부터 힉소스가 쳐들어와 그들이 대략 1700년경부터 이집트를 통치했다. 야곱이 가족들을 데리고 이집트로 이동한 시기와 비슷한 시기로 추정된다.

▲ 힉소스

▲ 야곱의 아들 요셉

이집트 총리를 하던 야곱의 아들인 요셉이 다른 형제들과 만나고 있다. 이후 야곱의 가족들은 요셉을 따라 이집트로 이주하였다.

힉소스는 말, 전차, 강궁을 가진 민족이었으며 약 1세기 동안 하 이집트를 점거하고 이집트인을 지배했다. 이집트는 처음으로 이민족의 지배를 경험하게 되는 것이다. 힉소스는 이집트어로 '외국인의 지배자'라는 뜻이다. 힉소스는 아랍인이라는 설과 유대인이라는 설이 있다. 구약에 나오는 야곱이 힉소스

왕의 이름에 있기에 유대인이라는 주장도 있지만 아직 힉소스가 어떤 민족인가는 알 수 없다.

신왕국

중왕국 시대 이집트는 아직 말을 키우지 않았기 때문에 말과 전차를 가진 힉소스의 급습이 성공했던 것이다. 그러나 이후 이집트도 전차 기술을 습득하여 힉소스를 몰아냈다. 힉소스를 물리치고 등장한 신왕국은 기원전 1570년부터 기원전 1085년까지 이집트를 지배했다. 이때는 강력한 중앙 집권 국가를 이루었으며 밖으로 팽창해 대제국을 형성했으며 수도는 테베와 아마르나였다.

신왕국 시대 가장 위대한 파라오는 '이집트의 나폴레옹'으로 불리는 투트모세 3세 (재위 기원전 1504~기원전 1450)였다.

투트모세 3세는 힉소스의 영향을 받은 강력한 전차 부대를 토대로 가나안 지방과 메소포타미아 지방으로 팽창하였다. 투트모세 3세는 메소포타미아 지역에 대한 총 18회의 원정을 시도했는데 제8회 원정 때는 유프라테스강의 상류를 넘어서기까지 했다. 이때 유프라테스강이 북에서 남으로 흐른다는 것을 보고 이집트인들은 매우 충격에 빠졌다고 한다. 남에서 북으로 흐르는 나일강만 보고 살아온 이집트인에

▲ 투트모세 3세

게는 유프라테스강이 너무나 충격적이었던 것 같다.

① 사후 세계의 왕인 오시리스
② 오시리스의 아들인 호루스
③ 재판을 받는 죽은 사람
④ 서기관 토트
⑤ 죽은 사람의 의사인 아누비스

사자(死者)의 서(書) : 죽은 사람이 사후 세계에서 편히 지낼 수 있도록 기원하는 주문을 파피루스 두루마리에 적은 것

1. 미라

미라를 만들 때에는 육체 내의 물이 새지 않도록 시체를 붕대로 감싼 다음 그 위를 왁스로 문질렀는데 이 왁스를 페르시아어로는 'mum'이라고 한다. 미라를 뜻하는 'mummy'의 어원이 바로 'mum'에서 온 것이다.

2. 미라를 만드는 과정

먼저 파라오의 시신을 씻은 뒤에 향유를 바르고 왼쪽의 콧구멍 안에 길고 뾰족한 갈고리를 집어넣어서 두개골 안까지 닿게 한 뒤 뇌를 꺼낸다. 뇌를 꺼낸 이유는 지금은 뇌가 모든 일을 하는 것을 알지만 그때는 심장이 그 일을 한다고 여겼기 때문이다. 그다음 왼쪽 갈비뼈 아랫부분을 잘라 심장만 남겨놓고 이외의 장기는 모두 꺼내 각각 다른 항아리에 담아 보관했다고 한다. 미라가 만들어지면 긴 붕대로 미라를 둘둘 감고 살아생전의 얼굴과 비슷하게 만들어 놓은 마스크를 씌운다. 그리고 죽기 전에 사용했던 물건을 무덤 안에 같이 넣어 장례를 치렀다.

3. 모세의 출애굽과 히타이트 제국(성경 : 헤테)

출애굽 시기

모세가 이스라엘 민족들을 데리고 이집트를 탈출한 사건을 출애굽이라고 하며 출애굽 시기에 대해 기원전 15세기 설과 기원전 13세기 설이 있다. 현재

▲ 모세

다수의 학자들이 받아들이는 시기는 기원전 13세기 설이다. 기원전 15세기라면 이집트의 나폴레옹이라고 불리는 투트모세 3세 시기 또는 그 직후이며 기원전 13세기라면 람세스 2세 시기이다. 람세스 2세는 히타이트의 무와탈리스왕과 기원전 1286년 카데시 전투를 벌였던 인물이다.

이로서 이집트는 카데시(현재의 시리아 지역)를 완전히 상실하고 팔레스티나, 다마스쿠스 지역을 차지했다.

그리고 1245년 람세스 2세는 히타이트 공주와 성대한 결혼을 통해 동맹을 더욱 공고히 하고 건축 공사에 집중하게 된다. 이 건축 공사에 이스라엘 강제노역자들이 동원되었다.

▲ 람세스 2세

출애굽 시기가 기원전 13세기가 맞다면 이 건축 공사가 모세의 지도 아래 이스라엘 민족이 이집트를 탈출하는 계기가 된

것으로 볼 수 있다.

이스라엘 민족의 형성

당시 이집트는 북방의 히타이트와 전쟁을 하면서 가나안 지방에 있던 사람들을 포로로 잡아와 노예로 부렸다. 특히 투트모세 3세 때에는 두 차례의 원정을 통해서 101,128명을 잡아왔다는 기록이 있다. 이집트는 야곱의 후손들인 이들을 모두 히브리로 불렀으며 이들 상당수가 모세의 지휘 아래 출애굽 대열에 동참한 것으로 추정된다. 구약에 의하면 야곱 가족이 이집트로 들어올 때는 70명이었는데, 출애굽 당시에는 성인 남성만 60만 명에 달할 정도로 늘어난 규모였다고 한다

출애굽 집단은 다양한 계층의 하층민들의 집합체였고 광야 생활이 길어지면서 생기는 고통으로 인하여 모세를 비난하고 저항했다.

하지만 모세는 여호와를 통해 이들을 하나의 통일된 집단으로 유지하였다. 특히 십계명의 교리 중에 '부모를 공경하라, 살인하지 말라, 간음하지 말라, 도적질 하지 말라, 이웃에 대하여 거짓증거 하지 말라, 이웃의 소유물을 탐내지 말라' 등은 종교적 성격보다는 내부의 집단적 단결을 목적으로 했을 가능성이 있다.

그러나 다른 교리, 즉 '나 이외에는 다른 신들을 네게 있게 말라, 우상을 만들지 말라, 하나님 여호와의 이름을 망령되이 일컫지 말라' 등은 이 당시 여러 신들을 숭상하던 오리엔트 지

방에서는 새로운 사상이었다.

히타이트

히타이트인은 기원전 2000년경 아나톨리아(지금의 터키 지방) 지방에 정착했는데 구약에는 헤테인으로 기록되어 있다.

아나톨리아에는 철광이 풍부하여 기원전 18세기경 히타이트인은 나라를 세우고 철제 무기와 전차를 앞세워 주변 지역을 정복했다. 예전 중·고등학교 세계사 교과서에는 오리엔트 지역에서 최초로 철기를 만든 민족이 히타이트인이라고 서술되어 있었다. 그러나 최근 터키의 카만 카레육 유적에서 히타이트보다 400년이나 앞선 철기가 출토되어 이러한 서술은 삭제되었다.

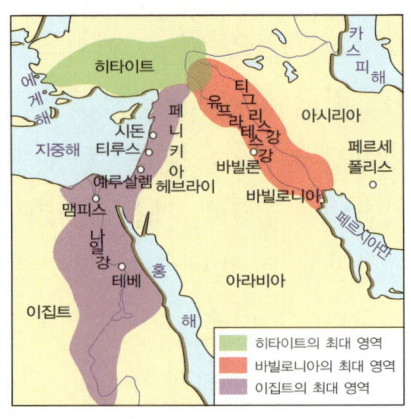
▲ 히타이트의 위치

히타이트인은 철기 문화를 서아시아에 전파하고, 메소포타미아와 이집트 지역의 접촉을 촉진하여 아시아 지역이 통일될 수 있는 계기를 제공하였다.

이러한 히타이트는 기원전 16세기 말에 함무라비 왕으로 유명한 바빌로니아의 왕조를 정복했다. 물론 바빌로니아 지역은 다른 왕조가 들어서 고바빌로니아 왕국을 지속했다.

이후 히타이트는 기원전 14세기경에 이르러서 미탄니 왕국을 굴복시켰다. 히타이트는 그 여세를 몰아 남부 시리아에까지 세력을 확장하였는데 히타이트의 무와탈리스 왕은 이집트 신왕국의 람세스 2세와 전쟁을 벌였는데 이 전투가 기원전 1286년의 '카데시 전투'이다.

물론 이 당시 이집트도 힉소스의 영향으로 전차를 갖고 있었지만 철기를 가진 히타이트가 청동기를 가진 이집트군에게 승리하여 시리아의 중부와 북부의 영역을 차지했다.

▲ 히타이트와 이집트의 전차 부대

보통 전차는 말을 이끄는 사람과 활을 쏘는 사람 두 명이 탑승하는 것이 원칙이었다. 그러나 철기로 만든 전차는 3명이 탈 수 있어 공격수가 한 명 더 탈 수 있는 유리한 점이 있었다.

이집트 왕 람세스 2세가 히타이트에게 철을 요청하자 히타이트는 지금 철이 생산되는 시기가 아니라는 핑계로 거절하며 불과 단 한 자루의 철제검만 보내기도 하였다. 그 틈에 아시리아인이 먼저 히타이트의 제철 기술을 습득하고 철을 가진 군대를 조직하여 팽창하기 시작했다.

결국 카데시 전투 이후 15년이 지나 히타이트와 이집트는 이러한 아시리아를 견제하기 위해 평화조약을 맺게 되었다. 모세의 출애굽의 시기가 13세기가 맞는다면 이스라엘 민족이 이동한 가나안 지역을, 카데시 전투로 히타이트와 이집트 간의 세력 균형이 이루어지는 상황과 연관 지어볼 수도 있다.

이후 히타이트는 다윗이 이스라엘을 통일하기 이전인 기원전 1193년 경 바다에서 건너온 해양 민족 등 이민족의 이동으로 붕괴되었다고 여겨진다.

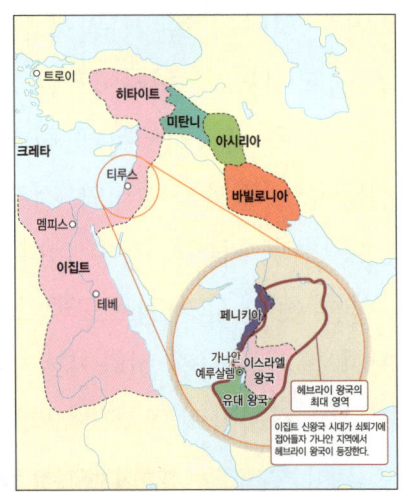

▲ 신왕국 시대의 이집트 그리고 헤브라이 왕국의 등장과 분열

미탄니 왕국

구약에서 호리 사람으로 기록되는 민족이 후르리족이다. 그리고 이 후르리족이 세운 나라가 미탄니 왕국이다. 한편 후르리족은 인도를 정복한 아리아족과 같은 민족의 일파라는 설이 있다. 이러한 설에 따르면 중앙아시아의 아리아족은 그 일부가 오리엔트 지방에서 미탄니 왕국을 세웠으며 또 다른 일부는 인도를 점령한 것이다. 후르리족이 남긴 문서에 아리아족의 산스크리트어가 발견되었으며 아리아족의 경전인 베다에서 나오는 신의 이름들이 발견되는 사실 등을 토대로 유추하는 사실이다. 하지만 이를 부정하는 설도 있다. 단지 아리아족 일부가 지배층으로 참여했거나 또는 이 국가의 지배층이 아리아족의 영향을 받아 산스크리트어가 발견되고 베다의 신 이름이 발견된다고 보는 것이다. 미탄니 왕국은 기원전 14세기경 히타이트 제국에게 패배하여 약화되었다.

4. 삼손과 해양 민족(성경 : 블레셋)

사사기 시대

〈사사기(士師記)〉란 히브리어로 '쇼페팀'이라고 하는데 이 말은 '지도자들'이란 뜻으로, 이 책은 여호수아에서 이스라엘의 초대 왕 사울의 즉위까지 대략 340년간 이스라엘 사사(士師)들의 행적을 다루고 있다.

▲ 가나안을 정복하는 여호수아

여호수아는 모세의 후계자로 가나안 지방을 부분적으로 장악하여 12지파(야곱의 아들과 손자 이름을 땀)에게 영토를 분할한 인물이다. 물론 이때 12지파의 영토는 실제로 정복하여 정착할 수 있는 영토는 아니었다.

이 시기 이집트는 람세스 2세의 치세가 끝난 뒤 빠른 속도로 세력이 약해졌고 히타이트 제국은 해양 민족의 이동으로 혼란에 빠졌다.

그리고 메소포타미아를 장악했던 아시리아 역시 기원전 12세기에 들어서면서 현저히 국력이 약해졌다. 이러한 힘의 공백으로 이스라엘 민족이 가나안에 정착할 수 있었다.

▲ 12지파의 영토

모세가 시내산에서 의식을 치루면서 12개의 돌기둥을 세우는데 이는 이스라엘의 조상인 야곱의 자손 12지파(twelve tribes)를 상징한다. 야곱에게는 원래 12아들, 즉 르우벤, 시므온, 레위, 유다, 잇사갈, 스불론, 단, 납달리, 갓, 아셀, 요셉, 베냐민이 있었다. 그런데 레위 지파가 성막수호와 봉사직무를 맡도록 하나님이 계수(計數)하여 12지파에서 제외되었다. 그리고 요셉 대신 그의 두 아들 므낫세와 에브라임의 양대 지파가 포함되면서 12지파가 형성되었다.

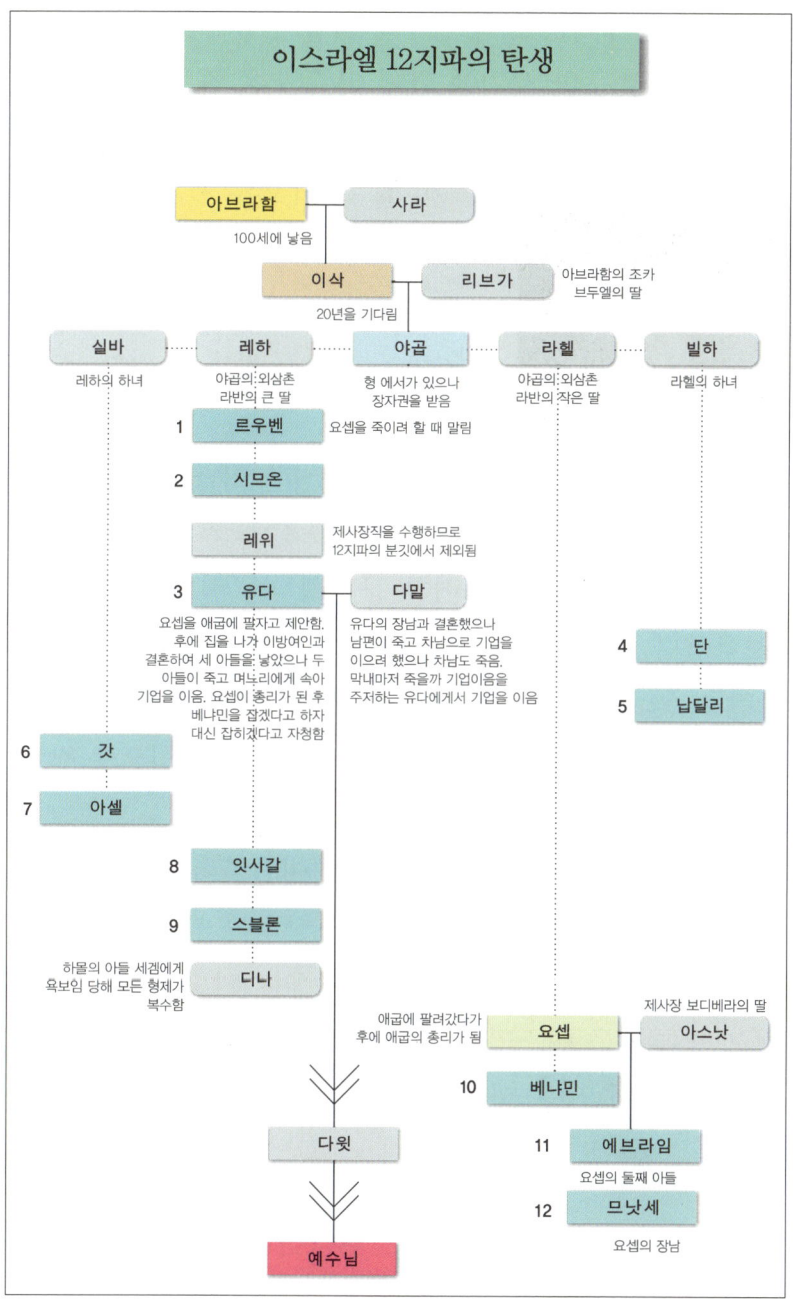

(인문학동네 제공)　▲ 12지파

하지만 그들에게는 토착 민족의 저항이 있었다. 그리고 이스라엘 민족과 비슷한 시기에 함께 이주해 온 해양 민족들도 있었다.

▲ 삼손
사사는 제사장과 유사한 개념이다.
대표적인 사사로서 삼손이 있다.

이 해양 민족을 성경에는 블레셋으로 기록하고 있다. 삼손의 아내와 드릴라라는 여인 모두 블레셋인이었다. 특히 블레셋은 평야 지대에 정착하여 농경과 무역을 통해서 큰 부를 축적했다. 이를 기반으로 왕이 통치하는 도시 국가를 건설하고 강력한 군사력, 즉 철기와 철제 전차를 보유했다.

반면 이스라엘 민족은 주로 산악 지대에 거주하여 선진 문물 수용에 늦어 청동기 수준에 불과했고 지형적 특성으로 강력한 통합을 이루지도 못했다.

삼손의 두 여인이 모두 블레셋 여인이었다는 것은 블레셋과의 교류가 있었음을 보여준다. 또한 삼손이 블레셋인에게 끌려가 죽는다는 사실은 힘의 열세를 보여주기도 한다. 이제 블레셋과의 투쟁을 이스라엘은 기존의 12지파의 분열 체제로는 저항할 수 없게 된다. 바로 왕정이 등장하게 되는 계기가 마련되어지는 것이었다.

해양 민족

그리스 문명은 기원전 30세기경에 시작된 크레타 문명에서 시작된다. 기원전 20세기에는 크레타 문명의 영향을 받은 미케네 문명이 있었다. 미케네 문명은 목마를 사용해 트로이 문명을 멸망시킨 것으로 유명하다. 이 미케네 문명은 기원전 1200년경 북쪽에서 철기를 가진 도리아인의 공격으로 붕괴되어 암흑의 시대가 전개된다.

기원전 8세기경이 되자 그리스는 오늘날 우리가 알고 있는 화려한 그리스 문명을 만들기 시작했다. 그중 원주민이 세운 국가의 하나가 아테네이며 정복민인 도리아인이 세운 국가가 스파르타이다.

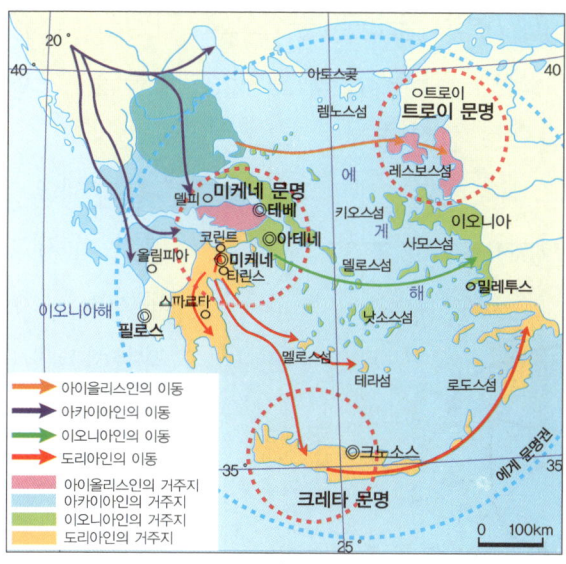

▲ 그리스 문명

해양 민족의 정체에 대해서는 아직도 학계에서도 연구 중이다. 필자는 해양 민족의 오리엔트 진출 시기가 도리아인의 공격으로 미케네 문명이 무너지는 시기와 비슷하므로 미케네 문명을 이루었던 민족이 아닐까 조심스럽게 추측한다. 현재 고고학적으로 이들이 썼던 도자기는 미케네 도자기 제품으로 검증되었다.

해양 민족은 여러 부족으로 이루어졌다. 이 중 하나가 '외국인' 또는 '이주자'라는 뜻을 가진 블레셋이며 블레셋에서 필리스티아(팔레스티나)가 유래했다. 또 다른 부족인 셰르덴에서 사르데냐, 투르샤에서 에투루리아, 셰켈레시에서 시칠리아라는 이름이 유래했다는 설이 있다. 가나안 지역에 진출한 해양 민족은 각각의 도시 국가를 건설하고, 중앙 성소를 중심으로 연맹을 이루고 살았으며, 다곤 신 또는 바알 세붑을 자신들의 신으로 섬겼다.

▲ 다곤(Dagon)

블레셋은 적어도 기원전 10세기 다윗 왕 때까지는 이스라엘을 위협하는 가장 강력한 세력이었다. 이들의 위협으로 12개로 분열된 이스라엘 민족은 왕정으로 변하게 된다.

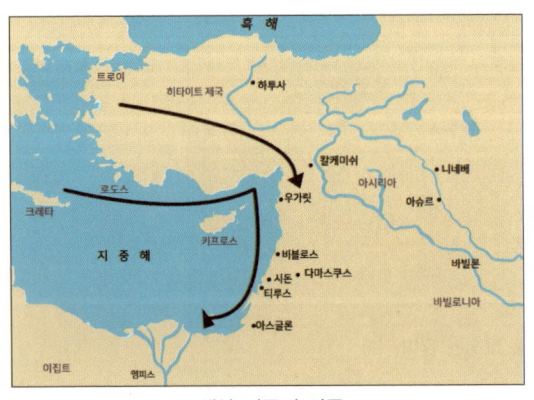
▲ 해양 민족의 이동

5. 사울, 다윗, 솔로몬과 페니키아
(성경 : 시돈과 두로)

사울

▲ 사울에게 기름 붓는 사무엘

기원전 1012년경 이스라엘의 북부 지역에서 사울이 최초의 왕이 되었다.

사울은 12지파 가운데 가장 힘이 약한 베냐민 지파에 속하는 농부의 아들이었다. 제사장 사무엘이 왕을 추대하기를 원하는 각 지파의 1000명씩을 소집한 뒤, 그들이 제비를 뽑아 가려 보자고 제안했다. 제비를 뽑으니 베냐민 지파가 선출되었고 다시 계속 제비뽑기를 한 결과 마침내 사울의 이름이 뽑혀 왕이 되었다. 이후 사울은 가나안의 타민족과 여러 전쟁을 벌였다.

하지만 사울의 왕권은 불안했다. 그 원인은 우선 제사장 사무엘과의 마찰을 들 수 있다. 사울이 아말렉을 공격할 때 사무엘은 도시의 사람들과 동물들을 모두 죽이라는 여호와의 말씀을 전했지만 사울은 이를 따르지 않았다. 이 사건으로 두 사람은 헤어졌으며 하나님은 선지자 사무엘을 베들레헴에 보내어 사울의 뒤를 이을 자로서 다윗에게 기름을 붓게 하였다.

중동 지역에서는 몸에 기름을 바르는 것이 햇빛에 노출된 피부를 보호하는 일반적인 관습이었다. 히브리 사람(이스라엘 민족)들은 통치자에게 기름을 붓는 의식을 행했는데 이것은 공식적 직무 임명을 확증하는 것이었다.

다윗은 이스라엘의 남쪽에 있는 유다 지파의 청년이었다. 다윗은 시인과 가수로서 활동했으며 전투에도 능해 사울이 블레셋과 전쟁을 할 때 거인 골리앗을 쓰러뜨려 인기가 높았다. 사울은 경쟁자인 다윗을 죽이려고 여러 번 시도했으나 실패하였다. 결국 블레셋과의 전투에서 전사하여 아들이 왕위를 계승하게 된다.

▲ 블레셋과의 전투

▲ 사울과 다윗

다윗

기원전 1004년경 다윗은 헤브론에서 장로들에 의해 추대되어 왕으로 즉위하였다. 헤브론은 다윗이 속한 유다 지파의 영역이었으며 아브라함, 이삭, 야곱의 유해가 있는 동굴 근처였다. 북쪽에는 사울의 아들이 왕이 되었고 남쪽에는 다윗이 왕이 되어 이스라엘은 여전히 통일 국가를 이루지 못하였다. 북부의 사울계 세력과 남부의 다윗계 세력은 둘 중 누가 이스라엘의 전역을 지배할 것인가 하는 세력 다툼을 7년 이상 지속하였다.

이후 다윗은 남부의 유다를 기반으로 북부까지 흡수하여 통일을 달성하였다. 다윗은 기원전 996년경 '아름다운 황혼'이라는 뜻인 예루살렘을 정복하여 수도로 삼았다.

예루살렘은 12지파 어느 집단의 소유도 아니었고 주위가 계곡으로 둘러싸여 방어에 유리했다. 이 예루살렘에는 7개의 언덕이 있었는데 가장 중앙부에 있는 언덕이 '천국과 같은 장소'라는 뜻인 시온이다. 현대의 이스라엘 민족이 벌이는 고국 재건 운동 '시오니즘'은 바로 이 언덕의 지명에서 유래했다. 다윗은 힘을 키운 후 주변 지역을 정복하여 사울 시대의 거의 두 배를 넘는 영토를 차지했다.

솔로몬

기원전 965년 다윗이 죽은 후 다윗의 아들 솔로몬이 기원전 970년 즉위했다.

솔로몬 시기 이스라엘은 큰 번영을 이루었다. 국가 재정의 막대한 규모는 무려 아케메네스 왕조 페르시아 제국의 절반을 넘을 정도였다. 이러한 국고는 단순히 세금 징수 뿐만 아니라 국제 무역을 통하여 조달된 것이다.

이스라엘은 북부의 페니키아와 우호적 관계를 유지하면서

▲ 솔로몬 시대의 교역

교역으로 큰 흑자를 본 것으로 여겨진다.
　홍해 입구에서 선박을 건조하고 페니키아인 뱃사람들을 사공으로 고용하며 남쪽의 오빌까지 교역을 확대시켜 나갔다. 오빌은 지금의 소말리아 지방으로 추정되기도 한다. 아라비아와의 교역도 활발했는데 구약에 의하면 아라비아의 스바 여왕이 솔로몬을 시험하려고 이스라엘에 왔다고 기록되어 있다. 이는 당시의 활발한 무역 활동을 보여준다.
　솔로몬 시기 이스라엘은 이러한 대규모 재정으로 막강한 전차 부대를 보유하게 되었다. 다윗은 정복한 지역에서 말을 얻

▲ 솔로몬 시대 대규모 전차 부대

게 되면 일부 말의 힘줄을 끊었다. 이는 아직 다윗 시기에는 이스라엘이 전차 부대가 없었음을 보여준다.

하지만 솔로몬은 이제 블레셋인들이 거주하던 평야 지대를 다스리게 되면서 그들의 전차전 방식을 받아들여 외양간 4000개 소, 병거 1400승, 마병 1만 2000명의 대규모 전차 부대를 편성했다. 페니키아와 이스라엘의 친선관계가 유지되었던 이유는 바로 이와 같은 군사력에서 기인했다.

페니키아는 지중해 해상 무역의 중심 국가였고 이스라엘은 막강한 전차 부대로 육지에서 패권을 장악했다.

솔로몬은 40년간 왕위에 있었는데 페니키아, 이집트 등 이방 출신 왕비들과 결혼했다. 그는 이방인 왕비들이 궁 안에서 우상을 숭배하는 것을 묵인했을 뿐만 아니라 나중에는 이러한 의식에 동참하기도 했다.

그리고 솔로몬은 철저하게 남부 유다 중심으로 차별적인 분리 정책을 폈다. 이에 북부의 여로보암이 반기를 들었다.

기원전 926년 솔로몬이 죽자 이집트로 피신했던 여로보암이 돌아와 솔로몬 사후 왕이 된 그의 아들 르호보암에게 이와 같이 말한다. "왕의 아버지가 우리의 멍에를 무겁게 했으나 왕은 이제 왕의 아버지가 우리에게 시킨 고

▲ 솔로몬

한 아기를 두고 다투는 두 여자가 있었다. 현명한 군주 솔로몬은 아기를 반으로 자르라는 판결을 내린다. 아기를 진정으로 사랑하는 어미가 아기를 포기하자 결국 진실한 어미가 드러났다.

역과 매운 무거운 멍에를 가볍게 하소서. 그리하시면 우리가 왕을 섬기겠나이다.(열왕기상12:4)." 왕이 대답했다. "내 아버지는 너희의 멍에를 무겁게 했으나 나는 너희의 멍에를 더욱 무겁게 할지라. 내 아버지는 채찍으로 너희를 징계했으나 나는 전갈 채찍으로 너희를 징치하리라(열왕기상12:14)." 결국 북부의 독립으로 이스라엘은 925년 북부의 이스라엘과 남부의 유다 왕국으로 분열되기에 이르렀다.

페니키아(성경 : 시돈과 두로)

히타이트의 멸망, 이집트와 아시리아의 약화는 이스라엘의 왕국 형성과 더불어 페니키아의 번영을 가져왔다. 페니키아는 '붉은 자주'라는 뜻이다. 보라색 조개의 체액을 원료로 사용해 붉은 색으로 염색한 모직물을 제조하여 국명이 페니키아가 되었으며 '가나안'이란 말도 이 '붉은 자주'라는 뜻이다. 이 붉은색 천은 이집트를 비롯한 각지에서 가장 고귀한 천으로 여길 정도였다. 페니키아 무역 도시들도 해양 민족에게 잠시 피해를 봤지만 이내 회복하여 기원전 1,100년경 비블로스, 시돈, 티로(성경 : 두로)는 다시 번영을 이루었다.

▲ 페니키아 문자

페니키아인들이 인류 문명에 기여한 공로는 알파벳의 창안이다. 상업 국가였던 페니키아에서 설형 문자나 상형 문자는 실용적인 측면에서 너무나 불편했다. 이에 표음 문자를 고안하였는데 이 문자가 그리스 문자로 이어지면서 오늘날 알파벳이 되었다.

이들 도시 국가는 보라색 모직물을 가지고 활발한 해상무역을 하고 식민지를 개척했다. 페니키아인이 세운 카르타고는 뉴타운(새로운 도시)을 의미하며 로마인들은 이 카르타고를 '포에니'라고 불렀다. 페니키아인은 헤라클레스의 기둥 저편 대서양까지 항해를 하여 영국에 도달했다.

　헤라클레스의 두 기둥이란 지브롤터해협을 끼고 마주보고 있는 유럽과 아프리카 양 대륙의 돌단을 말하는 것으로, 고대에는 이곳을 세계의 끝으로 믿고 있었다.

　헤로도토스가 쓴 《역사》에는 페니키아인들이 홍해에서 출발하여 아프리카의 희망봉을 돌아 헤라클레스의 기둥을 통과하고 이집트로 귀환했다는 기록이 있다. 예전에는 이 항해를 믿지 않았으나 헤로도토스의 기록으로 사실임이 밝혀졌다. 기록에 의하면 그들이 항해할 때 태양이 동에서 떠서 북으로 돌아 서쪽에서 저문다고 했다. 북반구에서는 해가 동에서 떠서 남쪽으로 돌아 서쪽으로 저문다. 즉 북반구에서는 한낮에 태양이 남쪽에 머물러 일반적으로 남향집을 선호하는 반면, 남반구는 한낮에 태양이 북쪽에 떠서 오히려 북향집을 선호하게 된다. 만약 페니키아인들이 남반구까지 내려가 정말로 아프리카의 희망봉을 돌아 귀환하지 않았다면 태양이 동에서 떠서 북으로 돌아 저물었다는 이야기를 전하지는 못했을 것이다. 이는 그 당시 그리스인이 인식한 공간을 넘어선 것이었다. 그리고 바스쿠 다 가마가 1497년 희망봉 앞 바다를 주항한 것보다 2천 년 이상이나 빠른 것이었다.

그리스인의 공간인식

그리스인들은 지중해 서쪽 끝에 위치한 지브롤터해협의 양 해안에 있는 약 400미터의 바위산을 헤라클레스의 기둥이라고 불렀다. 그들은 이곳이 서쪽 땅의 끝이며 헤라클레스가 하늘을 떠받치는 기둥이 여기서 솟아 있다고 생각했다. 거인 아틀라스가 신들이 사는 올림포스산을 공격했다가 이에 대한 벌로 세상 끝에서 하늘을 떠받치라는 벌을 받았다고 한다. 그리스인들은 지브롤터해협의 남쪽인 모로코의 산들을 보고, 하늘을 떠받치고 있는 거인 아틀라스를 생각해 이 산맥을 아틀라스산맥이라고 이름 지었다. 그리고 대서양을 아틀라스가 지배하는 바다라고 생각해서 아틀라스의 바다, 즉 애틀란틱 오션(Atlantic Ocean)이라 불렀다.

아틀라스와 형제로 프로메테우스가 있다. 프로메테우스는 인류에게 불을 알려 주었다는 이유로 지중해 동쪽 끝에 위치한 카프카스산맥 절벽에 쇠사슬로 묶여 매일 독수리에게 생간을 쪼아 먹히는 벌을 받았다고 한다. 이 이야기는 그리스인들이 카프카스산맥을 동쪽 땅의 끝이라고 생각하였다는 것을 알 수 있다. 이처럼 그리스인들은 세상을 지브롤터해협과 카프카스산맥사이로만 인식했다.

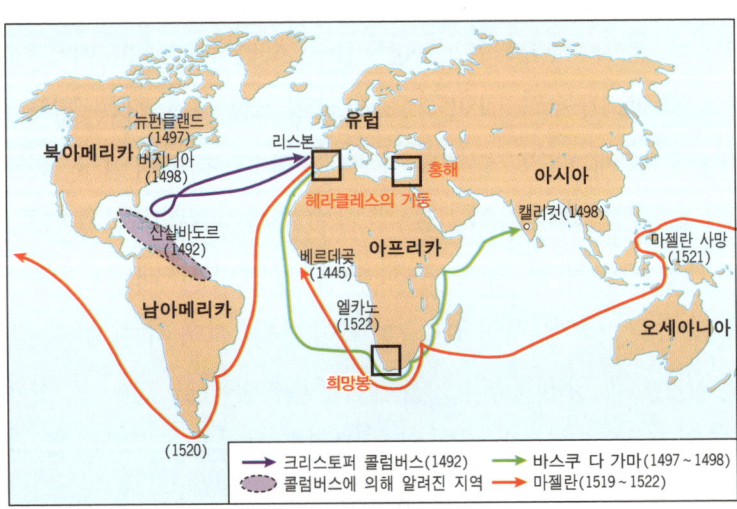

▲ 신항로 개척

▲ 오늘날 페니키아의 유적지

▲ 페니키아인이 세운 도시 카르타고

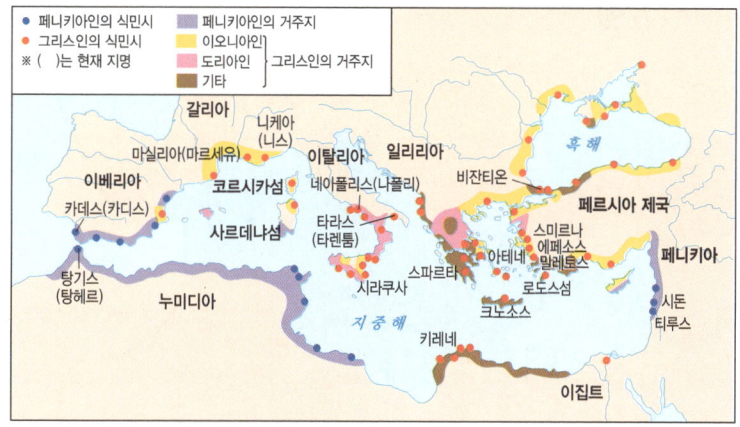
▲ 페니키아와 그리스의 식민 도시

카르타고가 페니키아인이 세운 식민 도시였기 때문에 로마인들은 그들을 포에니(poeni, 포이니)라고 불렀다. 이는 라틴어 Poenicus에서 나왔는데 '페니키아인의' 라는 뜻이다.

▲ 로마 – 카르타고 전쟁(포에니 전쟁)

페니키아인이 건설한 카르타고는 로마와의 전쟁에서 패배하여 몰락하였다. 로마는 카르타고를 정복하고 땅에 소금을 뿌려 황무지화시켜버렸다.

▲ 이스라엘과 유다 왕국

6. 이스라엘의 멸망과 아시리아 제국(성경 : 앗수르)

이스라엘의 멸망

 기원전 931년 솔로몬 왕을 끝으로 이스라엘은 남부의 유다 왕국과 북부 이스라엘로 분열되었다. 구체적으로 살펴보면 남부의 유다 왕국이 유다와 베냐민 두 지파를 다스렸고 나머지 10개 지파는 북부의 이스라엘이 통치했다. 이렇게 이스라엘과 유다로 분열되자 국가의 영토는 대폭 축소되었고 주변의 여러 민족들이 독립했다. 두 왕국은 서로 대립하면서 전쟁을 하기도 했지만 협상을 통해서 화평을 유지해 나갔다. 이스라엘 왕국이 다른 나라와 전쟁을 할 때, 유다 왕국이 직접 군대를 동원하여 도와주기도 했다.

 이스라엘은 기원전 721년 아시리아(성경 : 앗수르)의 공격으로 수도 사마리아가 함락되어 멸망할 때까지 200년 동안 19명의 왕들이 통치했다. 이 왕들은 서로 다른 9개의 가문 출신이었다. 이에 반하여 남부의 유다는 다윗 가문이 계속 통치한 것과 비교된다.

 이스라엘의 오므리 왕은 페니키아 도시들과의 우호 관계를 위해 자기 아들 아합과 페니키아의 도시 국가인 시돈의 왕녀 이세벨의 혼인을 추진하였다. 이에 따라 이방신들이 숭배되기 시작했다. 이세벨은 사마리아에 바알의 사

▲ 바알을 위한 단

당을 세우고 그 사당에 바알을 위한 단을 세웠으며 나아가 아세라의 목상까지 만들며 여호와 신앙을 탄압했다. 바알 신은 블레셋과 같은 농경민들이 믿던 신이고, 많은 비를 내려 풍년을 가져다 주는 능력이 있는 존재로 여겨져 당시 널리 확산되었다. 이에 선지자 엘리야는 아합에게 바알의 선지자들과 자신의 대결을 요청하기도 했다.

▲ 아세라 목상

▲ 선지자 엘리야
엘리야는 갈멜산에서 바알의 선지자 450명과 홀로 대결하여 3년간의 가뭄 끝에 비가 내리는 이적을 행한다.

▲ 엘리야의 승천
엘리야가 승천하자 제자 엘리사가 그의 사역을 승계하였다.

　기원전 721년 아시리아의 사르곤 2세는 북부 이스라엘 왕국을 정복했다. 원래 사르곤은 '정통'이란 뜻으로 메소포타미아 지역을 최초로 통일한 아카드 제국의 왕이었다. 이러한 인물을 계승한다는 뜻으로 자신을 사르곤 2세라고 칭한 것이다. 사르곤 2세는 북부 이스라엘을 정복하고 사마리아 지역의 주민들을 강제로 끌고 갔다. 이로써 이스라엘의 북부 10개 지파는 사라지게 되었다. 이제 남부 유다 왕국의 유다와 베냐민 지파만이 남게 된 것이다. 그리고 사마리아는 타민족들이 이주해 와 이방인의 도시가 되었다.

유다 왕국

남부 유다 왕국은 아시리아에 조공을 바치는 속국으로 살아남았는데 이스라엘에 비해 1세기 반을 더 버틴 셈이다. 이는 물론 산악 지대라는 원인도 있었지만 20명의 왕이 모두 다윗의 후손으로 정통성이 강한 것도 하나의 요인이었다.

이스라엘이 바알을 비롯하여 이방의 신들에 대한 숭배가 왕궁과 일반인까지 널리 퍼졌던 반면 그에 비해 유다는 이방 종교가 부분적으로 그리고 제한적으로만 수용되었다. 다윗의 후손이라는 정통성, 그리고 이런 종교적 안정성으로 유다 왕국은 1세기 반을 더 버틸 수 있었던 것이다.

아시리아 (성경: 앗수르)

구약에 의하면 아브라함의 또 다른 아들 드단의 자손이 아시리아족이 되었다고 기록되어 있다. 그리고 유다 왕국의 웃시야 왕(재위 기원전 791년경~기원전 739년경)때 요나가 여호와의 명령으로 아시리아에 가서 너희들이 계속 악하게 산다면 여호와가 멸망시킨다는 말을 전했다. 그리고 150년 후 나훔이 다시

아시리아인의 죄악 생활을 경고하고 아시리아의 멸망을 예언했다고 기록되어 있다.

우리가 잘 알고 있는 아시아라는 말은 아시리아어 '아수'로부터 유래하였는데 '해가 뜨는 땅'이라는 의미이다. 유럽이란 말은 아시리아어 '에레브(그리스어로 에우로페)'로부터 유래하였는데 '해가 지는 땅'을 의미한다.

▲ 요나
아시리아의 니네베로 가라는 여호와의 계시를 거역한 요나는 항해 중 물고기에게 삼켜져 뱃속에서 3일을 지낸다.

아시리아의 명칭과 도시 이름인 아슈르는 모두 그들의 신인 태양신 아슈르에서 유래했다.

아슈르는 기원전 3000년경 수메르인들이 도시를 건설할 무렵부터 존재했던 도시였다. 그동안 고대 세계의 무대에 모습을 거의 드러내지 않던 아슈르의 아시리아인들은 후르리인(성경 : 호리인)이 지배하던 미탄니 왕국이 기원전 1400년대에 쇠퇴하기 시작하자 그 틈을 타고 지역의 주도권을 장악해 나갔다. 중계 무역으로 부를 축적하고 강력한 무기를 바탕으로 아시리아는 기원전 7세기경 오리엔트 지역을 최초로 통일하였다.

▲ 아슈르
아시리아인은 사람 머리에 독수리 날개를 단 늠름한 황소인 아슈르가 나라를 지키는 수호신이라고 생각했다.

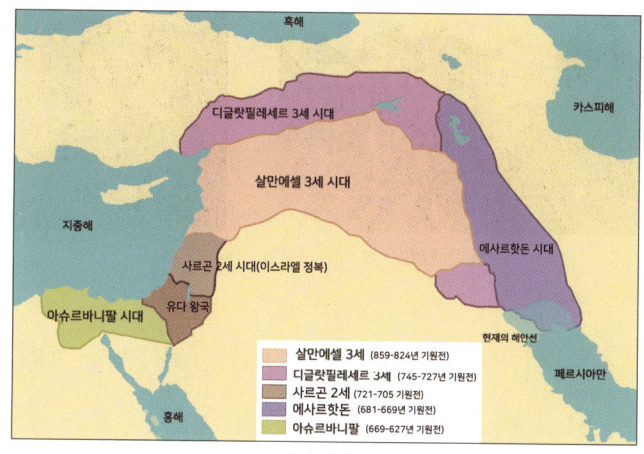
▲ 아시리아 제국

　오리엔트를 통일할 수 있었던 그들의 가장 중요한 배경은 철기로 무장한 전차 부대였다. 아시리아 부대가 오리엔트 지역에서 최초의 전차 부대를 소유했다는 설이 있다. 수메르인의 경우 당나귀로 하여금 끌게 한 이륜과 사륜의 전차를 사용했다. 그러나 이 전차의 수레바퀴란 것이 120도의 부채 모양의 두꺼운 판자를 세 개 원판 형으로 이어서 붙인 조잡한 것이었다. 따라서 전차는 전투의 보조적 역할에 불과하였으며 어디까지나 수메르 군대의 주력은 보병이었다.

　아시리아인은 차륜부에 여섯 개의 튼튼한 바퀴살을 끼운 경쾌한 이륜의 전차를 걸음이 빠른 말로 하여금 끌게 한 대부대가 전장을 종횡으로 달렸으니, 이 무렵 오리엔트에서 획기적인 신전술이었으며, 타민족에게는 공포의 대상이었다. 그리고 아시리아인은 전차 부대에 이어 기마 부대도 양성했다.

▲ 아시리아의 전차 부대와 기마 부대

    기록에 의하면 아시리아에 전차가 등장한 것은 기원전 14세기 중엽이며 기병이 생긴 것은 기원전 9세기경으로 추정된다. 이 기병은 처음에는 안장도 등자도 없었고, 말 등에는 한 장의 모포만을 깔았을 뿐이다.

    이어 기원전 9세기경 아시리아는 전차와 기병뿐만 아니라 도시를 정복하는 공성 기술을 발전시켰다. 이전의 공성 전략은 성을 포위하여 적군이 굶게 하는 전술로서 많은 시간이 걸렸다. 하지만 아시리아는 밀고 가는 충각과 충차를 만들어 성벽을 허물었으며 사다리를 통해 성벽 위에 올라갔다. 이러한 전술로 아시리아는 오리엔트를 최초로 통일한 제국이 된다.

    아시리아는 3년간의 공격 끝에 기원전 721년 이스라엘의 수도 사마리아를 정복하여 멸

▲ 아시리아의 공성탑(Siege tower)과 파성추(Ram)가 합쳐진 전차의 모습

▲ 아시리아의 소규모 파성추의 모습

망시켰다. 이어 유다 왕국을 공격했지만 산악 지형이라는 지리적 이점에 힘입어 막대한 공납을 바치는 조건으로 유다 왕국은 독립을 유지했다. 기원전 690년에는 바빌로니아를 공격하여 1년 반의 공성 끝에 689년 정복하였다.

이때 아시리아는 도시를 철저히 약탈하고 파괴했다. 마르두크 신전은 무너졌고, 제의에 쓰이는 마르두크 신상은 아수르로 이송되었으며 심지어 유프라테스 물길을 바꾸어 폐허가 된 바빌론을 물에 잠기게 하였다.

아시리아는 기원전 671년 이집트를 물리치고 드디어 오리엔트 최초의 통일 왕국을 이루었다.

그러나 강대했던 아시리아는 이민족에 대한 가혹한 통치로 붕괴되기 시작했다. 노예가 도망가지 못하도록 1만 명의 포로를 장님으로 만드는 포악한 학정을 자행했다.

다음은 반란을 진압한 아시리아의 어느 왕의 기록이다. "나는 반란군을 진압했다. 나는 그들을 모두 죽여 시체로서 골짜기와 절벽을 덮었다. 도시의 문을 향하여 기둥을 세웠다. 그리고 반란의 주모자들의 가죽을 모조리 벗겨 그 가죽으로 기둥을 감았으며 벽에 발랐다. 또 어떤 자는 기둥 속에 넣어 버렸으며, 어떤 자는 말뚝에 꽂아 기둥 위에 세우고, 또 다른 자는 기둥 주위의 말뚝에 결박하였다."

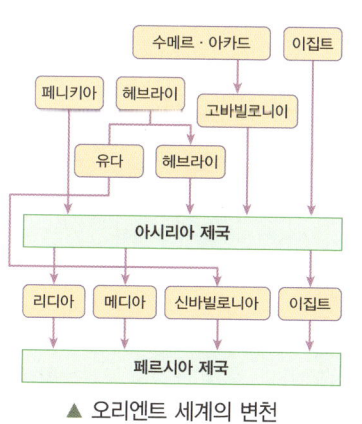
▲ 오리엔트 세계의 변천

아시리아의 종교 정책

일반적으로 한 나라가 다른 나라를 정복하면 자신들의 종교를 강요하게 된다. 하지만 아시리아는 그렇지 않았다. 물론 정복한 나라의 신상을 가져갔지만 자신들의 종교를 강요하지 않았다. 정복된 지역의 백성들도 비록 나라가 멸망했지만 자신들의 종교를 버리지는 않았다.

바빌로니아의 백성들은 조국이 멸망한 이유를 '자신의 불의와 함부로 올린 제의 때문에 마르두크의 분노를 불러일으켜서'라고 믿었다. 이스라엘도 마찬가지로 자신들이 여호와를 믿지 않고 이방신을 믿어 여호와가 아시리아의 힘을 빌려 벌을 준 것으로 믿었다.

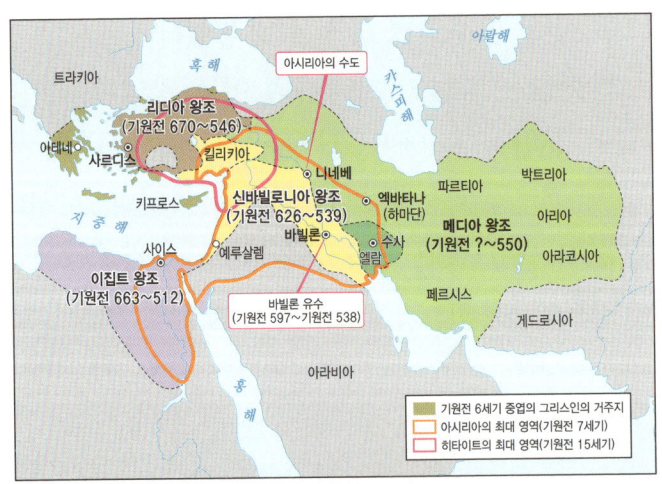

▲ 아시리아의 멸망 이후 서아시아

리디아(성경 : 루디아) : 리디아는 히타이트계의 한 민족이다. 기원전 7백 년경 세계 최초의 주조 화폐를 만들었다. 원래 수메르인들은 은과 동을 화폐로 사용했었다. 즉 은과 동의 무게를 일일이 저울에 달아 그 가치를 평가했는데 리디아인들은 최초로 금과 은을 합금하여 화폐를 만들었던 것이다.

7. 유다의 멸망과 신바빌로니아 제국(성경 : 바벨론)

아시리아의 멸망

　기원전 7세기 중반에 들어서면서 아시리아가 현저히 약화되자 오래전부터 반발해 오던 바빌론의 세력이 커지는 가운데 아리아족인 메디아(성경 : 메대)가 등장했다. 그리고 기원전 626년 나보폴라사르(재위 기원전 626~605)는 메소포타미아 남부를 장악하고 바빌론에 도읍을 세움으로써 바빌로니아 제국을 건설하였다. 이 국가를 아무루인들이 세운 고바빌로니아 왕국과 구별하여 신바빌로니아 왕국(성경 : 바벨론)이라고 한다.

　메디아와 신바빌로니아 연합군은 기원전 612년 여름 아시리아의 수도 니네베(성경 : 니느웨)를 습격하여 2개월의 공격 끝에 함락시켰다. 아시리아의 수도는 철저히 파괴되어 버렸다.

　이렇게 아시리아가 멸망하자 그동안 가혹한 통치에 허덕이던 오리엔트 세계는 신의 축복이라고 자신들의 신에게 감사했다. 이후 오리엔트 세계는 메디아, 신바빌로니아, 리디아, 이집트의 4국 분할 체제기 전개되었다.

▲ 니네베

▲ 스키타이인과 메디아인

유다의 멸망

유다의 마지막왕인 시드가야는 에레미야의 조언을 무시하고 신바빌로니아에 저항하는 정책을 펼쳤다. 이에 네부카드네자르 2세(성경: 느부갓네살/ 재위 기원전 605~기원전 562)는 기원전 587년 예루살렘을 정복했다. 성벽이 파괴되고 성전이 불타올랐다. 이스라엘 역사는 솔로몬이 성전을 건설한 때부터 이때까지를 제1차 성전 시대(기원전 960~586)라고 부른다.

▲ 네부카드네자르 2세

▲ 에레미야

에레미야는 유다의 멸망 시기에 활동하였기 때문에 심판의 예언을 주로 남겼다. 때문에 많은 핍박을 받은 에레미야는 비통의 예언가로 불리웠으며 〈에레미야 애가〉를 남겼다.

▲ 시드기야

시드기야는 자신이 보는 앞에서 아들들이 처형당하는 것을 봐야 했고 이후 눈이 뽑히고 쇠사슬에 묶여 끌려가 감옥에서 사망했다. 이것을 제3차 바빌로니아 포수(捕囚, 사로잡을 포, 죄수 수)라고 한다.

▲ 유다의 멸망

▲ 결박된 채 사자 우리에 들어간 다니엘

▲ 부정한 음식을 거부하는 다니엘

이전에도 신바빌로니아의 공격을 받아 두 차례의 포수가 있었다. 포수가 된 자들이 모두 노예 생활을 한 것은 아니다. 제1차 포수로 끌려간 다니엘을 포함한 어린 소년 4명은 왕궁에서 선발되어 바빌론의 언어와 학문을 교육받았다. 이때 소년들은 율법의 규례를 어긴 부정한 고기와 포도주를 거부하고 채식으로 종교적 신념을 지켜 나갔다. 이후 다니엘을 포함한 소년들은 신바빌로니아 제국에서 고위 관리로 지냈다. 구약의 다니엘서 2장에서는 다니엘이 네부카드네자르 2세(성경: 느부갓네살 왕)의 꿈을 해몽하고 예언하는 장면이 나온다.

역사가의 해석

1. 머리(금) – 신바빌로니아 제국 (바벨론 제국)
2. 가슴과 두팔(은) – 메디아와 페르시아 제국 (메대와 바사 제국)
3. 배와 넓적 다리(동) – 알렉산드로스 제국 (헬라 제국)
4. 두 종아리(철) – 로마 제국
5. 발과 발가락(철과 진흙) – 열국 시대(중세 시대 이후)

▲ 느부갓네살 왕이 꿈에서 본 형상

유대교의 성립

 북부 이스라엘의 백성들은 아시리아의 니네베로 끌려간 이후 이스라엘 왕국의 회복과 재건을 위한 정치적, 종교적 운동을 일으키지는 않았다. 반면 유다 왕국의 백성들은 바빌론에 끌려가서도 언젠가는 다윗의 후손이 나타나 자신들을 예루살렘으로 이끌고 가 왕국을 재건해줄 것이라는 믿음을 강하게 가졌다.

 포수들은 예루살렘에 있을 때 참된 선지자들의 말을 듣지 않고 우상을 숭배하여 하나님의 진노로 심판을 받아 포로로 끌려왔다고 생각했다. 다시는 그러한 죄를 범하지 않으려고 회개하였다. 그리고 선지자들의 예언을 기록하고 수집하여 구약을 만들었으며, 회당에 정기적으로 모여 예배하는 모임을 가졌다. 이때 율법 교사인 랍비들이 부각되었다.

 포수들이 대개 유다 왕국의 유다와 베냐민 지파였기에 이때부터 이들을 유대인이라고 불렸으며 이들의 종교를 유대교라고 부르기 시작했다. 과거 이집트에 있을 때는 히브리인, 가나안에 정착한 이후에는 이스라엘인으로 불리었으나 이때부터는 유대인이라고 불리기 시작했다.

▲ 바빌론 포수

▲ 바빌론

8. 성전, 성벽 재건과 페르시아 제국(성경 : 바사)

아리아인과 페르시아 제국

인구어족(인도·유럽어족)인 아리아인은 '고귀한'이란 뜻이다. 이들은 기원전 30세기에 중앙아시아의 스텝에서 유목생활을 하던 민족이다. 말이 중앙아시아가 원산지인 것을 통해 알 수 있듯이 이 중앙아시아인은 유목생활을 했다.

아리아인은 기원전 20세기경 인도에 들어가 원주민 드라비다인을 정복하였으며 브라만교와 카스트 제도를 통해 다스렸다.

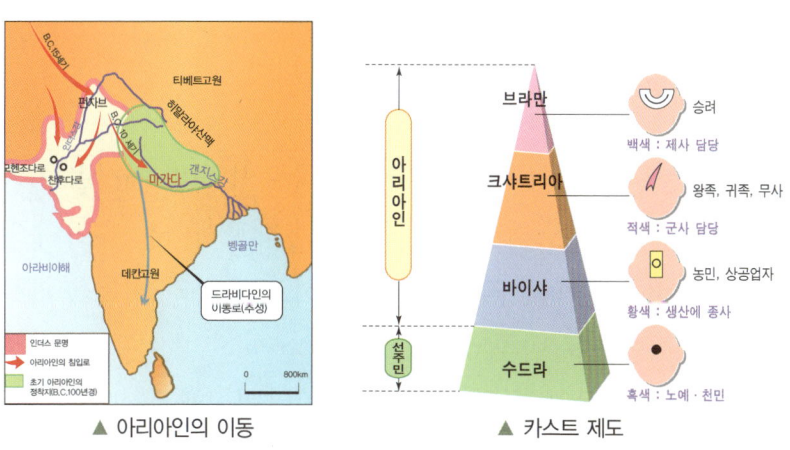

▲ 아리아인의 이동　　▲ 카스트 제도

그리고 또 다른 아리아인이 메소포타미아로 이동하여 메디아 왕국(성경 : 메대)과 아케메네스 왕조 페르시아를 건국한 것이다. 이들은 자신들을 '고귀한'이란 뜻인 아리아인이라고 불렀으며 자신들의 나라를 '아리아인의 나라'란 뜻인 이란이라고 불렀다. 이들의 초기 거주지인 이란고원 서부 페르시스를 라틴어로 페르시아로 불렀기에 오늘날 페르시아인이라고 부르는 것이다. 다시 정리하면 아리아인=이란인=페르시아인이란 공식이 성립된다.

▲ 아케메네스 왕조 페르시아

오늘날 이란은 사막과 황무지가 전 국토의 절반 이상을 차지해 밭은 10프로를 넘지 못했다. 1935년 페르시아는 유럽의 압박에서 탈피해 민족적 자긍심을 회복하고자 나라 이름을 페르시아에서 이란으로 바꾸었다.

메소포타미아로 이동한 아리아인(이란인, 페르시아인), 즉 메디아인과 페르시아인은 인도로 간 아리아인과 동일한 민족이기에 이들의 언어가 매우 유사했으며 공통의 신의 이름을 가지고 있었다. 메디아인과 페르시아인 모두 같은 관습을 가지고 같은 계통의 부족이라는 의식을 가졌기 때문에 공동전선을 펴는 일이 많았다.

키루스 대왕(성경: 고레스)

▲ 키루스 대왕

페르시아의 키루스 2세, 즉 키루스 대왕(재위 기원전 559~기원전 530)은 외할아버지가 왕으로 있는 메디아를 포함하여 이집트를 제외한 오리엔트 세계를 순식간에 정복한 위대한 군주이다. 메디아와 같은 계통의 민족인 페르시아는 처음에는 메디아의 속국이었다. 그리고 메디아 왕은 딸을 페르시아 왕에게 결혼시켰기에 메디아 왕은 페르시아 왕인 키루스 대왕의 외할아버지였다. 키루스 대왕은 늙은 외할아버지가 이끄는 메디아 군대를 격파하고 그를 포로로 잡았다. 키루스 대왕은 외할아버지인 메디아 왕과 더불어 같은 민족인 메디아인을 후하게 대접하였다. 이러한 포용정책으로 페르시아는 메디아의 우수한 전력을 자국의 전력으로 흡수했다.

　메디아를 정복한 키루스 대왕은 이제 리디아 정복에 나섰다. 이때 키루스 대왕은 처음으로 낙타를 탄 기병대를 전투에 투입했다. 리디아의 기병대는 처음 보는 동물의 이상한 냄새에 놀라 달아나니 결국 리디아는 기원전 546년 키루스 대왕에게 정복당했다. 리디아를 정복한 키루스 대왕은 창끝을 중앙아시아로 돌려 박트리아를 정복하여 페르시아 영토로 편입했다. 기원전 539년에는 신바빌로니아 왕국을 정복했다. 이때 신바빌로니아 왕이 사로 잡혔으나 역시 왕으로서 대우하고 다음 해 그가 사망하자 성대한 국장으로 장례식을 거행했다.

세계의 수도인 바빌론을 정복한 키루스 대왕은 페르시아 제국 군주의 칭호를 "모든 왕들의 왕(샤한샤, Shahanshah)"이라고 정하였다. 그리고 이후 페르시아(이란) 황제들은 모두 이 칭호를 쓰게 되었다. 즉 전국 시대를 통일한 진 시황제가 왕들의 왕이란 뜻으로 황제를 칭한 것과 같다.

키루스 대왕은 기원전 530년 중앙아시아 초원지역의 마사게테라는 부족을 원정했다. 이 부족은 아마조네스처럼 여자들이 전사로 활약했고 수령도 여자였다. 어처구니없게 키루스 대왕은 이 부족과의 전투에서 사망했다.

키루스 칙령과 1차 귀환

키루스 대왕은 아시리아와 다르게 피정복민의 종교와 풍속을 존중하여 관용적인 포용정책을 펼쳤다. 왕은 신바빌로니아가 수도에 모아놓은 수많은 신상(신의 형상을 조각)을 각각 그 나라의 신전으로 되돌려 보냈으며 기원전 538년 또는 537년에는 바빌로니아의 포수로서 자유를 잃은 유대인들을 해방하여 고향으로 돌아가게 했다.

이러한 키루스 대왕이 바로 구약에서 여호와의 기름 부음을 받은 "바사(페르시아)의 왕 고레스"였다. 선지자 에레미야는 하나님이 이스라엘의 죄를 응징하기 위해서 신바빌로니아라는 도구를 사용하신 후 자기 자녀들의 회복을 위해서 다시 그것을 없애실 것이라고 말했는데 마침내 그의 예언은 키루스 칙령에 따라 실현되었다. 다음은 구약의 내용이다.

"바사(페르시아) 왕 고레스(키루스 대왕)는 말하노니 하늘의 하나님 여호와께서 세상 모든 나라를 내게 주셨고 나에게 명령하사 유다 예루살렘에 성전을 건축하라 하셨나니 이스라엘의 하나님은 참신이시라. 너희 중에 그의 백성 된 자는 다 유다 예루살렘으로 올라가서 이스라엘의 하나님 여호와의 성전을 건축하라(에스라1:2-4).

▲ 키루스 칙령

영국의 마그나 카르타보다 1754년이나 앞선 인권 선언문

키루스 칙령은 이스라엘 민족에게만 내려진 혜택이 아니라 다른 민족에게도 동일하게 실행되었다. 수메르인과 아카드인들을 대상으로 한 칙령에서는 여호와를 찬양하듯이 그 지역의 최고신인 마르두크를 찬양했다.

특히 유대인들을 고향으로 돌려보낸 이유는 이민족의 종교에 대한 키루스 대왕의 관용 정책과 더불어 또 하나의 이유가 있었다. 그것은 아직 정복 못 한 이집트에 대한 방위 차원에서 유대인을 고려한 것이기도 했다. 한편 그들의 종교인 조로아스터교가 유대교와 유사했기 때문이라는 설도 있는데 아직 페르시아 초기 왕실이 조로아스터교를 얼마나 믿었는지에 대한 사료가 없기에 이것은 추측일뿐이다.

　기원전 538년 키루스 칙령에 따라 1차 귀환이 이루어졌다. 과거 네부카드네자르 2세(성경: 느부갓네살)는 예루살렘 성전에서 가지고 온 그릇을 잔치에 활용하기도 했는데 키루스 대왕은 이 그릇들도 모두 함께 돌려주었다.

　키루스 칙령에 따라 많은 무리들이 귀환했지만 여전히 바빌론에 남아 있는 유대인들도 상당수였다. 그들은 대부분 바빌론에서 성공을 거둔 이들로, 바빌론의 문화에 동화되어 굳이 그곳을 떠나고 싶어 하지 않았다. 귀환이 허락되었듯이 잔류하는 것도 물론 당연히 자유롭게 승인되었다.

캄비세스 2세

　키루스 대왕이 죽은 후 그의 아들 캄비세스 2세(재위 기원전 530~기원전522)가 즉위했다. 동쪽 중앙아시아 지역으로 진출하던 전투에서 사망한 아버지와 달리 캄비세스 2세는 그 진출 방향을 서쪽으로 돌렸다. 이집트 원정을 시도하여 결국 기원전 525년 이집트를 정복했다. 누비아(현재 이집트 남부와 수단 북부)와 카르타고 정복

▲ 캄비세스 2세

을 시도하지만 5만 군대가 모래 바람에 휘말려 전멸했고, 자

신이 직접 진두에 선 에티오피아 원정도 무참한 실패를 맛보았다. 원정 실패 이후 캄비세스 2세는 본국의 반란 소식을 듣고 황급히 귀국하다가 사망했다.

▲ 캄비세스 2세의 정복 활동

캄비세스 2세가 멤피스에서 프삼티크 3세의 항복을 받는 장면을 그린 그림이다.

성전 건축 중단

가나안 지역은 바빌론 포수 이후 타민족이 이동하였다. 이들은 60여 년 정도 거주하면서 새롭게 등장한 토착 세력으로서 사회·정치적 기득권을 가진 신흥 세력이었다.

이들은 바빌로니아에 있다가 돌아온 유대인들이 새로운 성전을 지으려하자 공동으로 성전을 짓자고 제안했다. 그러나 유대인들로부터 거절당하자 이들은 성전 건축을 방해하기 시작했다. 캄비세스 2세에게 편지를 보내 이 건축이 단순히 성전을 재건하려는 것이 아니라 성벽을 쌓아 페르시아 제국에 대항하려고 한다는 모함을 한 것이다. 결국 성전 공사는 이 모함으로 18년간 중단되었다.

다리우스 1세(성경: 다리오)

캄비세스 2세가 죽은 후 기원전 522년, 28세의 청년이 왕이 되었는데 이자가 그 유명한 다리우스 1세 또는 다리우스 대왕(재위 기원전 522~486)이다.

이 인물은 키루스 대왕의 후손이 아니라 파르티아 총독 히스타스페스의 아들이었다. 키루스 대왕에게는 원래 두 아들이 있었다. 첫째가 캄비세스 2세이며 둘째가 바르디야였다. 다리우스 1세가 기록한 내용에 의하면 캄비세스 2세가 비밀리에 바르디야를 암살했다고 한다. 이때 사람들은 미처 동생 바르디야가 죽은 사실을 몰랐다고 한다. 그래서 캄비세스 2세가 죽자 가우마타라는 인물이 등장해 죽은 바르디야를 참칭하고 왕이 되려고 하였다. 이에 다리우스 1세가 이 자를 제거하고 왕이 되었다.

▲ 다리우스 1세

 일반적으로 역사는 승자의 기록이다. 일부 학자들은 가우마타는 바르디야를 참칭한 자가 아니라 실제로 바르디야라고 보기도 한다. 다리우스 1세가 자신의 정통성 확보를 위해 진짜 바르디야를 가짜 바르디야로 조작해서 죽였다고 보는 것이다. 아무튼 승자는 다리우스 1세이며 그는 키루스 대왕의 후손이 아니었다. 다리우스 1세는 정통성 확보를 위해 키루스의 딸을 왕비로 삼았고 자신을 아케메네스 왕가에 속한 사람이며 키루스 대왕과 같은 왕실 혈통이라고 주장했다.

어쨌든 이러한 다리우스 1세의 노력에도 불구하고 제국 도처에서 반란이 일어났다. 다리우스 1세는 즉시 반란을 진압하고 더 나아가 제국의 영토를 확장하는 정복사업을 펼쳐 나갔다.

다리우스 1세는 514년 70만 대군으로 스키타이 정복에 나섰다. 본래 스키타이를 정복하는 길은 동쪽으로 가는 길이 있었다. 그러나 다리우스 1세는 반대로 서쪽으로 우회하는 노선을 선택했다. 즉 보스포루스해협을 건너 트라키아(지금의 불가리아)를 돌아 스키타이인을 공격한 것이다. 이와 같이 동쪽 길을 선택하지

▲ 다리우스 대왕을 알현하는 스키타이인들

않고 서쪽으로 간 것은 이미 다리우스 1세가 그리스 정복을 염두에 두었기 때문이다. 당시 스키타이는 다리우스 군대와 싸우지 않고 계속 철수만을 하여 정복에는 실패했다. 그러나 이 과정에서 트라키아를 편입시키고 마케도니아를 속국으로 삼아 일약 아시아, 아프리카, 유럽 세 대륙에 걸친 대세국을 건설하였다.

기원전 500년에는 이오니아에서 반란이 일어났다. 다리우스 1세는 곧바로 이들을 진압하고 밀레토스를 파괴했다. 곧이어 이 반란을 지원한 그리스를 정복하기 위해 쳐들어갔지만 490년 마라톤 전투에서 패배하였다.

제1차 그리스-페르시아 전쟁

기원전 492년 다리우스 1세의 페르시아 대군이 그리스 원정에 나서면서 전쟁이 발발한다. 그러나 에게해 연안을 장악해 가던 페르시아의 해군선단은 거센 폭풍을 만나 몰살했다. 헤로도토스의 기록으로 이때 페르시아는 무려 2만의 병사와 3백 척의 배를 잃었다고 전해진다. 결국 페르시아의 잔여 병력은 퇴각해야 했다.

기원전 490년 페르시아는 다시 한 번 그리스 원정에 나선다. 이때 아테네 군대를 이끌었던 장군은 명장 밀티아데스였다. 밀티아데스는

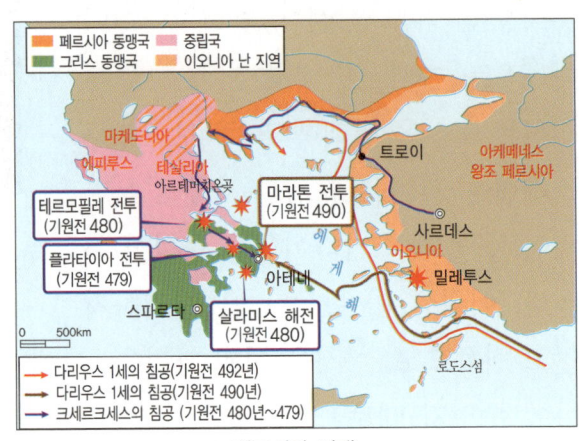

▲ 페르시아 전쟁

아테네의 군사 9천 명과 이웃 도시 국가의 지원군 천 명을 합한 총 일만의 중장 보병부대를 이끌고 페르시아의 2만 군대를 격파했다.

그가 전장으로 선택한 지형은 마라톤에서 아테네로 통하는 골짜기였다. 좁은 협곡에서 페르시아의 기병이 마음대로 실력 발휘를 할 수 없었던 점을 노린 것이 승전의 주된 요인이었다.

그리스군

페르시아군

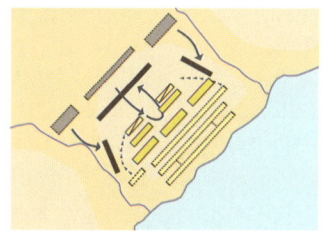
▲ 마라톤 전투

그리스군의 양 날개는 두꺼운 밀집 대형을 이루었으며 중앙은 얇고 간격이 넓은 대형을 이루었다. 중앙은 느리게, 양 날개는 빠른 걸음으로 돌진하여 이순신 장군의 학익진처럼 페르시아군을 포위 공격했다. 단 15분이 걸린 이 마라톤 전투에서 페르시아군은 6400명이 전사했으나 그리스군은 단 192명만이 전사했다.

이 전투로 페르시아군은 6,400명이 전사했고 아테네군은 단지 192명만이 사망했다. 전투 직후 한 병사가 승전보를 알리기 위해 41.6킬로미터의 거리를 쉬지 않고 아테네까지 달려와서 '우리 군대가 승리했다.' 라는 한마디를 전한 후 사망했다.

세 대륙에 걸친 제국

키루스 대왕, 캄비세스 2세, 다리우스 1세의 삼대 70여 년간 세 대륙에 걸친 제국이 형성될 수 있었던 원인은 두 가지를 들 수 있다. 첫째, 아시리아와 다른 피정복민에 대한 관용정책과 그리고 둘째, 아시리아를 계승한 중앙 집권 체제였다.

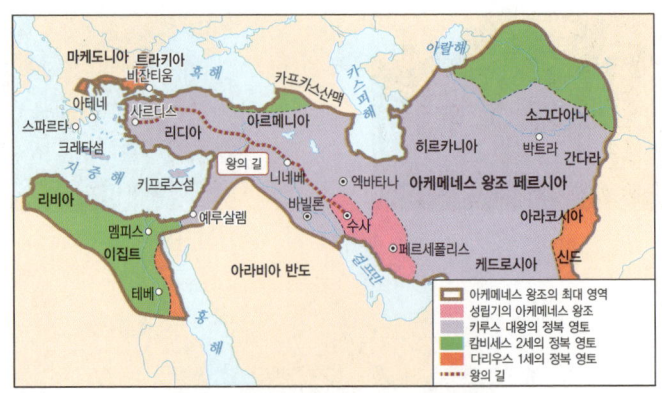

▲ 키루스 대왕, 캄비세스 2세, 다리우스 1세의 정복 영토

　구약에 의하면 페르시아 제국의 영토는 인도에서 구스(에티오피아)에 이를 정도로 광대했다고 기록되어 있다. 전국을 20개의 주로 분할하고, 주마다 각각의 총독, 군사령관, 징세관을 임명했는데 이들은 행정권, 군권, 세금 징수권을 나누어 갖는 삼권 분립의 형태를 갖췄다. 결코 한명의 총독에게 모든 권한을 집중시키지 않았던 것이다. 페르시아 제국은 여기에 만족하지 않고 수시로 '왕의 눈', '왕의 귀'라고 불리는 감찰관을 파견하여 관리들을 감독하는 완벽한 중앙 집권 체제를 시행하였다.
　성경에는 이들을 총괄하기 위해 총리 3명을 두었는데 그 가운데 한 명이 다니엘이었다고 기록하고 있다. 다니엘은 신바빌로니아 제국뿐만 아니라 페르시아 제국 시기에도 높은 관직을 유지하였다.
　페르시아 제국은 아시리아 이전부터 정비되었던 도로를 더욱 발달시켰다. 소아시아의 사르디스에서 수도 수사와 페르세폴리스(그리스어로 페르시아의 도시)까지 2,470킬로미터에 달하는 '왕의 대로'가 바로 그것이었다. 111개의 역참이 설치되었고 항상 말이 준비되어 있었다. 상인이 이 도로를 통과하는 데는 90일이 걸렸지만 왕의 편지를 전달하는 관리는 7일이면 가능했다.

▲ 페르세폴리스

성전 재건

역사가 요세푸스의 기록에 의하면 다윗의 후손인 스룹바벨이라는 인물은 다리우스 1세가 왕이 되기 전부터 친했다고 한다. 다리우스 1세는 자신이 왕이 되면 성전 재건을 약속했는데 실제로 재건비용의 일부까지 부담해주었다.

마침내 선지자 학개와 스가랴가 기원전 516년(다리우스 1세 재위 6년) 성전을 완성했다. 이때 이스라엘 백성들은 스룹바벨을 메시아로 추측하기도 했다고 한다. 하지만 재건된 성전은 솔로몬 시대의 성전보다 규모가 작았으며 제의 의식 때 페

▲ 학개

▲ 스가랴

르시아 왕을 위한 재물을 바치고 기도도 행해졌다.

크세르크세스 1세와 제2차 그리스-페르시아 전쟁

크세르크세스 1세(재위 기원전 486~기원전 465)는 성경에 '아하수에로'로 나오는 인물이다. 그는 아버지에 이어 그리스를 침공한 왕이다. 그리스 입장에서는 자신들을 공격했던 인물이기에 상당히 부정적으로 서술하고 있는데 이는 편견에 불과하다.

한편 명장 밀티아데스는 마라톤 전투 이후 다음 해 이루어진 원정에 실패하여 '시민을 실망시킨 자'로 지목되어 실각했다. 이후 등장한 인물이 테미스토클레스였다. 테미스토클레스는 아테네의 미래가 해전에서 결정된다고 믿어 왔다. 그래서 정권을 잡자마자 군항을 건설했고 3단 노선인 2백 척의 갤리선을 만들었다.

기원전 486년 페르시아에서는 다리우스의 뒤를 이어 크세르크세스가 왕이 되었

▲ 밀티아데스

▲ 크세르크세스 1세

크세르크세스 1세의 초상화와 영화 '300'의 장면

▲ 테미스토클레스

다. 이 페르시아의 왕은 마라톤 전투에 대한 복수를 위해 기원전 480년 육군과 해군으로 이루어진 30만의 대군을 직접 이끌고 그리스를 침공했다.

▲ 부교를 만들어 지금의 다르다넬스해협(다다넬스 해협)인 헬레스폰토스 해협을 건너는 페르시아 군대

아테네와 스파르타 등 이미 연합을 결성한 그리스의 폴리스들도 이에 대항하는 연합군을 출범시켰다. 이 연합군의 총지휘권은 그리스 제1의 강국 스파르타가 갖게 되었고, 아테네인 테미스토클레스의 작전이 채택되었다. 테미스토클레스의 전략은 우선 스파르타군이 테르모필레(테르모필라이)에서 페르시아군을 저지하는 동안 바다에서 아테네 해군이 페르시아 해군을 격퇴한다는 것이었다.

테르모필레는 산들이 높게 솟아 있으며 동쪽은 바다에 면해 있고 서쪽은 온통 벼랑으로 둘러싸여 단지 전차 1대만이 다닐 수 있는 좁은 길이었다. 남북으로 3,200미터나 뻗어 있는 이 길은 많은 군대가 한꺼번에 통과할 수 없는 천혜의 요새였다.

이 테르모필레 방어전의 지휘자는 그리스 연합군 총사령관인 스파르타의 왕 레오니다스였다. 그가 거느렸던 군대는 스파르타군 3백 명, 연합군 7천 명이었다. 이 7천 명 중에 테르모필레 계곡에 배치된 부대는 스파르타군 300명을 포함한 1천 명이었다. 남은 병력은 다른 주변 지역으로 분산 배치되었다.

▲ 레오니다스

▲ 영화 '300'의 장면

천여 명의 부대는 페르시아 대군을 계곡에서 6일 동안 저지했다. 그러나 7일째 되던 날 변절한 한 그리스인이 후방으로 갈 수 있는 샛길을 알려주게 되어 페르시아 대군이 앞과 뒤에서 공격해 왔다. 결국 천 명은 왕과 함께 전원 사망했다. 근처에 분산 배치되었던 나머지 6천 명도 대부분 전사하거나 페르시아의 포로가 되었다. 훗날 이 전투에서 사망한 스파르타인들을 위해 비석이 만들어졌다. "나그네여, 가서 스파르타인에게 전하라. 우리들은 조국의 명령을 지켜 여기 잠들었노라고."

▲ 테르모필레 전투

테르모필레를 통과한 페르시아 대군은 그리스 본토로 물밀듯이 쳐들어갔다.

델피에는 그리스 최고의 신인 제우스의 아들이자 다른 올림포스 신들의 의견을 대변하는 아폴로 신을 모시는 신전이 있었다. 그리스인들은 중요한 결정을 할 때 이 신전 무당의 예언을 듣고 결정해 왔다. 이때 예언은 "세계의 끝까지 도망칠 대로 도망쳐라. 오직 나무로 만든 성에만 의지할지어다."라고 나왔다. 그리스인들은 이 예언을 듣고 두려워했다. 이때 테미스토클레스가 '도망치라는 것은 살라미스섬에 주민들을 대피시키라는 것이고 나무로 만든 성이란 갤리선을 의미한다.'라고 해석했다.

아테네의 테미스토클레스는 우선 노약자와 부녀자들을 살라미스섬에 피난시키고 남은 인원을 모두 3백 척의 군함에 태웠다. 페르시아군은 텅빈 아테네에 도착하여 도시를 불태웠고 살라미스섬의 주민과 군함의 군인들은 자신들의 도시가 불타는 것을 먼 발치에서 쳐다보면서 분개해야 했다. 기원전 480년 9월 말, 테미스토클레스는 이 3백 척을 살라미스섬과 본토 사이의 좁은 바닷길에 집결시켜 1천 척의 페르시아 함대와 맞섰다.

작전 회의 때 다른 도시에서 온 장군이 그리스 함대를 더 넓은 바다로 이동시키자고 주장했다. 테미스토클레스는 그리스 연합군의 총사령관이 아니었기 때문에 마음대로 자신의 주장을 관철할 수 없었다. 이에 그는 간첩을 페르시아에 보내 페르시아 해군

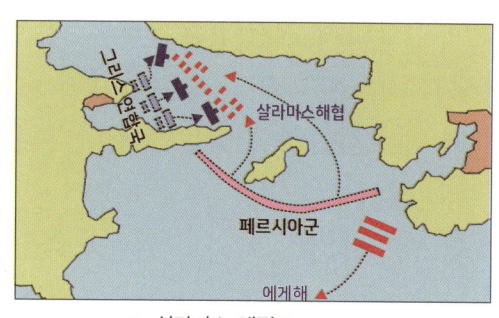
▲ 살라미스 해전도

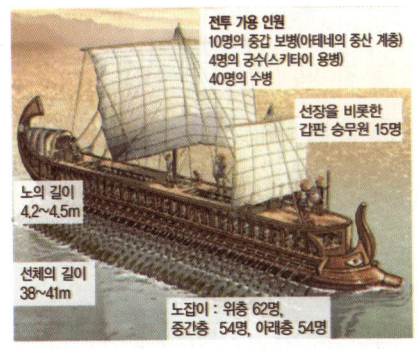 

▲ 아테네의 갤리선

3단 노선 트리레메 : 갤리선은 처음 노를 젓는 노예선에서 비롯되었는데 이후 노와 돛을 모두 이용하는 선박으로 발전한다. 배의 회전이 자유롭고, 선상에서 백병전이 발생하면 동원할 수 있는 병력을 보유하고 있다.

이 살라미스해협을 공격하게끔 유도했다.

　대포가 없는 당시의 해전은 배를 교묘하게 조종하여 뱃머리의 견고한 부분으로 적선을 들이받아 침몰시키는 것이 중요한 전술이었다. 그리고 좁은 살라미스해협이야말로 이러한 전술에 있어서 최상의 격전지였다. 테미스토클레스의 전략은 적중했고 좁은 해협 안에 빽빽하게 밀려든 페르시아 함대는 행동의 자유를 잃었다. 그리스 함대가 페르시아 함대의 옆구리를 들이박고 곧이어 병사들이 적의 함선에 올라타 장창으로 적군을 학살했다. 해전은 밤을 새워 지속되고 이윽고 다음날이 밝자 살라미스해협의 파편이 된 페르시아의 함대들만이 바다위에 둥둥 떠 있었다. 그리스의 대승이었다.

　그러나 비록 해군이 전멸했지만 아직 육지에는 페르시아의 육군 5만이 건재해 있었다. 이들은 우선 겨울을 보낸 후 다음

해 다시 남하하여 아테네 북동쪽 50 킬로미터 지점인 플라타이아이 부근에 진을 쳤다. 그리스 연합군 3만 명이 그들을 공격했다. 돌멩이와 투창을 던지는 경장 보병의 지원을 받으면서 장창과 방패를 가진 중장 보병의 밀집 대형 전술에 페르시아 육군은 대패했다. 해전에 이은 육전에서도 그리스의 대승이었다.

▲ 플라타이아이 전투

에스더와 부림절

크세르크세스 1세(성경 : 아하수에로)는 페르시아가 아테네를 정복하고 불태운 기원전 480년인 즉위 7년에 축하 연회를 베풀었다. 그 해 겨울 에스더는 왕궁에 들어가 왕비가 되었다.

크세르크세스 1세의 신하인 하만은 평소 유대인을 혐오했던 인물이었다. 에스더의 사촌 오빠이자 양아비지인 모르드개가 자신에게 경의를 표시하지 않자 그는 왕에게 유대인들을 모두 죽이자고 건의하여 허락을 얻어낸다. 이때 에스더는 죽음을 각오하고 왕 앞에 나아가 간언하여 유대인들을

▲ 에스더

페르시아의 왕비가 된 에스더(오른쪽)는 유대인 학살 위기로부터 동족을 구한다.

구해 내었다. 이후로 유대인들은 이 날을 부림절이라 부르며 축일로 삼고 있다.

아르타크세르크세스 1세 (성경: 아닥사스다)

▲ 아르타크세르크세스

아르타크세르크세스(재위 기원전 465~기원전 425)시기 2차 귀환(기원전 458)과 3차 귀환(기원전 445)이 이루어졌다. 2차 귀환 때 에스라가, 3차 귀환 때 느헤미야가 왔다.

왕에게 재판권을 부여받은 에스라는 이방인과의 결혼을 금지하는 법을 만들고 기존에 이방인과 결혼했던 자들마저 강제 이혼시켰다. 분개한 이방인들의 소요사태에 대한 책임으로 결국 에스라는 페르시아에 소환되어 돌아오지 못했다. 아르타크세르크세스 1세는 제국 내 타민족의 반란과 이들에 대한 모함이 지속되자 성벽 재건 공사를 중지시켰다.

▲ 이방인과의 결혼금지법을 발표하고 있는 에스라

느헤미야는 왕의 술을 맡은 관원이었다. 그런 느헤미야는 왕의 신

▲ 성벽 재건 공사에 전념하는 느헤미야

임을 바탕으로 성벽 재건 공사를 허락받았다. 이후 그는 전권대사로서 유다의 총독에 부임하여 예루살렘으로 돌아와 기원전 445년 성벽 재건을 마무리하고 기원전 433년 페르시아로 돌아갔다.

당시에 성벽이 없는 나라의 백성은 유랑민으로 간주 받았기에 유대교가 자리 잡기 위해서는 성벽이 아주 중요했다. 성벽 재건 공사에 이방인의 방해가 지속되고 심지어 인부를 죽이는 일까지 발생했다. 느헤미야는 백성들을 무장시키고 성벽 재건 공사를 지속했다. 결국 52일 만에 성벽이 재건되었다.

느헤미야는 '이방인과의 결혼을 피한다. 이미 결혼한 자는 이혼한다. 안식일에는 이방인과 거래하지 않는다. 안식일을 엄격히 지킨다. 세금을 내고 성전에 십일조를 바친다.' 등의 원칙을 확립시켰는데 이때 유대교의 기본 틀이 확고하게 자리 잡았다. 물론 당시 느헤미야의 개혁이 그리 성공적이지 않았다고 보는 학자들도 있다.

▲ 예루살렘

9. 구약과 신약 사이 (헬레니즘 시대 / 헬라 제국)

헬레니즘 시대

구약은 성전과 성벽 재건 직후로 끝이 난다. 그리고 예수의 탄생으로 신약이 시작된다. 구약과 신약 사이의 시대인 헬레니즘 시대란 알렉산드로스 제국과 그의 후계자들이 세운 왕조 (프톨레마이오스 왕조, 셀레우코스 왕조 등) 시기를 말한다.

▲ 알렉산드로스 제국

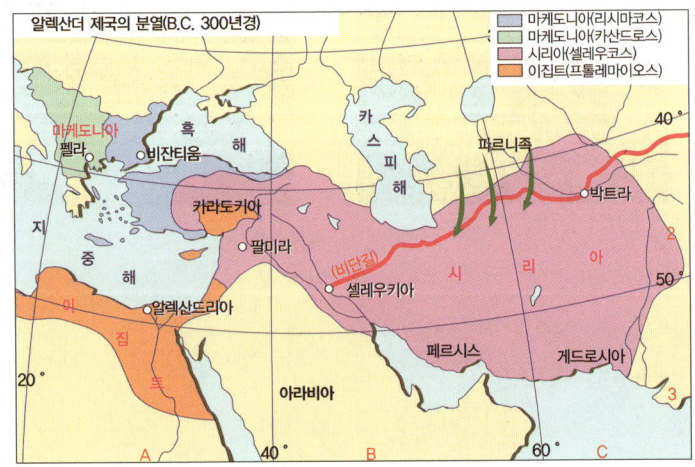

▲ 알렉산드로스 제국의 분열

아케메네스 왕조 페르시아는 비록 그리스와의 전쟁에서 패배했지만 그리 큰 타격은 아니었다. 오히려 문제는 이후 등장한 무능한 왕들이었다. 페르시아는 이 무능한 왕들의 등장과 그들의 내부 왕위 계승 다툼으로 쇠락해져갔다. 결국 다리우스 3세 때 알렉산드로스의 침략으로 200년 이상 지속된 왕조가 멸망하고 알렉산드로스 제국이 오리엔트 지역을 통치했다.

라오콘 군상
(바티칸 미술관)

이후 알렉산드로스가 젊은 나이에 죽자 그의 아들, 어머니, 왕비도 모두 후계자들에 의해 죽음을 당했다. 경쟁자를 제거한 후계자들은 알렉산드로스의 제국을 나누어 프톨레마이오스 왕조, 셀레우코스 왕조 등 여러 나라를 세워 오리엔트 지역을 통치했다.

밀로의 비너스상
(루브르 박물관)

▲ 헬레니즘 문화

이스라엘은 프톨레마이오스 왕조의 지배를 받는다. 다시 기원전 200년경부터 셀레우코스 왕조의 지배를 받게 되있다. 이스라엘은 두 왕조 시기 헬레니즘의 영향을 받았다. 헬레니즘이란 '그리스의 본질'이란 뜻이다.

▲ 헬레니즘 문화의 전파

프톨레마이오스 왕조 통치 시기

역사가 요세푸스의 기록에 의하면 프톨레마이오스 왕조는 유대인들이 안식일 날 아무것도 하지 않는 것을 노려 그날 가나안을 침공하여 함락했다고 한다. 10만여 명의 유대인들이 알렉산드로스가 건설한 이집트의 알렉산드리아에 끌려갔다. 이들 중 남자 3만 명이 이집트 수비대로 복역하여야 했다.

이 시기 프톨레마이오스 왕조의 명령으로 알렉산드리아 도서관의 학자들은 성경을 그리스어(헬라어)로 번역했다. 알렉산드리아에 끌려온 유대인들 중 상당수가 자기네 언어인 히브리어를 잊어버렸고 또 유대교로

▲ 프톨레마이오스

개종한 이방인들이 그리스어 성경을 원했기 때문이다. 이때 만들어진 70인 역(譯) 성경으로 유대교가 그리스와 로마로 전파되어 나갈 수 있게 되었다. 이 성경은 수십만 권의 장서를 보유

한 알렉산드리아 도서관에 보관되었다.

이 당시 예루살렘은 프톨레마이오스 왕조로부터 상당한 자치권을 부여받았다. 매년 약 20달란트를 황실에 지불하는 것을 제외하고는 정치, 종교적 자유를 폭넓게 누리고 있었다. 하지만 내부적으로 헬레니즘의 영향을 받은 헬라파 유대인과 그렇지 않은 히브리파 유대인으로 분열되어 갈등이 생기기 시작했다. 예루살렘을 포함해 가나안 지역에는 헬레니즘 문화를 찬양하는 자들이 늘어가며 나체로 경기를 하기도 하였다. 이에 반발하여 고유 유다 문화를 지키려고 하는 경건주의자들, 즉 하시딤이 등장하였다.

셀레우코스 왕조 통치 시기

프톨레마이오스 왕조는 유다의 전통과 종교를 인정했지만 셀레우코스 왕조는 그렇지 않았다. 특히 이 왕조의 안티오코스 4세는 볼모로 갔을 때 로마에 스며든 그리스 문화에 매료되어 헬레니즘 문화를 신봉하는 왕이었다.

▲ 안티오코스 4세의 동전

그는 왕이 되자마자 유대인들에게 헬레니즘 사상을 강력하게 밀어붙이고 유다의 고유한 문화를 탄압했다. 안티오코스 4세는 자신을 에피파네스(Epiphanes '신의 현현(顯現)'라 칭하고 자신을 닮은 신상을 성전 제단에 세웠으며 유대인이

금기시하는 돼지를 제물로 바치게 했다. 그리고 올림피아의 제우스 신을 숭배하도록 명령하였다. 예루살렘에 제우스 신전을 짓고 유대인에게 돼지고기를 먹게 하고, 안식일을 지키지 말고, 남자아이에게 할례(음경의 표피를 잘라 내는 의식)를 하지 말라는 명령은 히브리파 유대인들의 강력한 반발을 받게 된다.

마카비 전쟁 (기원전 167~기원전 164)과 하스몬 왕조

기원전 167년 마따띠아는 그리스식 제의를 드리려고 나선 한 유대인을 쳐 죽이고, 이어 왕의 사신까지 죽여 버렸다. 그리고 5명의 아들을 데리고 유대 광야로 나가 의병을 조직하고 저항을 시작했다. 이때 하시딤이 그 의병에 합세했다. 이러한 저항은 단지 외부 세력에 대한 독립 운동에 국한된 것은 아니었다. 내부적으로 히브리파 유대인과 헬레파 유대인 간의 시민 전쟁의 성격도 가지고 있었다. 이듬해 마따띠아가 죽자 셋째 아들 유다 마카비가 의병 활동의 지휘관이 되었다. 유다는 마카비, 즉 '망치질 하는 자'라는 뜻을 별명으로 가질 만큼 사자처럼 용맹했다. 유다 마카비가 죽은 후 동생 시몬이 독립을 선언하였다.

기원전 142년 예루살렘은 이렇게 다시 독립 국가가 되었다. 예루살렘의 유다 왕국이 멸망한 시기가 기원전 587년이니 444년 만에 다시 독립 국가를 세운 것이었다. 이 왕조를 하스몬 왕조라고 한다. 하스몬은 마카비 가문의 조상이름을 따왔다는 설이 있다. 시몬의 뒤를 이은 요한 힐카누스는 이스라엘의 통치자이면서 대제사장직을 겸하고 영토를 크게 확장했다. 이두메(에돔의 그리스어 명칭) 지역을 합병하고 그 지역 주민들에게 할례를 시키고 유대교로 개종시켰는데 이때 포섭된 안티파테르의 아들이 이후의 헤롯 왕이다.

▲ 헤롯 왕

사두개파와 바리새파

하스몬 왕조 시기 사두개파와 바리새파의 두 집단이 등장하여 첨예하게 대립하였다.

헬라파 유대인이 지닌 사상은 사두개파로 이어지고 하시딤이 지키던 이상은 바리새파에게 이어졌다.

대개 귀족들로 이루어진 사두개파는 죽은 자의 부활, 천사, 영의 존재를 믿지 않고 오직 모세 5경(창세기, 출애굽기, 레위기, 민수기, 신명기)만을 성경으로 인정했다. 이에 비해 중간계층에 속하는 자들로 이루어진 바리새파는 하층민에게 인기가 많았다. 바리새파는 오경뿐만 아니라 구전들도 중요시했으며 부활, 천사, 영의 존재를 믿었다.

로마의 폼페이우스가 이끄는 군대가 아시아 지역으로 진출할 무렵 하스몬 왕조는 형 힐카누스

▲ 폼페이우스

2세와 동생 아리스토불러스 2세 사이에서 후계자 분쟁이 일어났다. 사두개파는 동생 아리스토불러스 2세를 지지했으며 바리새파는 형 힐카누스 2세를 지지했다. 기원전 67년 결국 두 사람은 극적으로 합의에 이르렀다. 합의에 따라 동생 아리스토불러스 2세가 왕궁에 들어가고, 힐카누스 2세는 대제사장으로 남게 되었다.

하스몬 왕조의 멸망

하지만 아리스토불러스 2세가 왕이 되자 그와 사이가 안 좋았던 이두메 출신의 안티파테르는 힐카누스 2세를 지원하여 왕을 쫓아냈다. 이때 두 형제는 서로 로마의 폼페이우스에게 도움을 요청했다. 결국 하스몬 왕조의 내분이 로마의 개입을 초래하게 된 것이다.

폼페이우스는 처음에는 동생 아리스토불러스 2세를 선택했다. 그러나 그가 자기 방어를 위해 요새를 건설하자 폼페이우스는 이를 로마에 대한 반항으로 여기고 기원전 63년 예루살렘을 공격했다. 3개월간의 공격으로 폼페이우스는 예루살렘을 점령하고 대제사장만이 들어갈 수 있는 성전의 지성소에까지 들어갔다. 이때 비록 성벽은 파괴됐지만 다행히 성전만은 보존할 수 있었다. 폼페이우스는 아리스토불러스 2세를 로마로 끌고 가면서 힐카누스 2세를 대제사장직으로 임명했지만 아무런 실권도 주어지지 않았다. 이로서 79년간 지속되었던 하스몬 왕조는 기원전 63년에 멸망하고 이스라엘은 로마 제국과 안티파테르가 장악하였다.

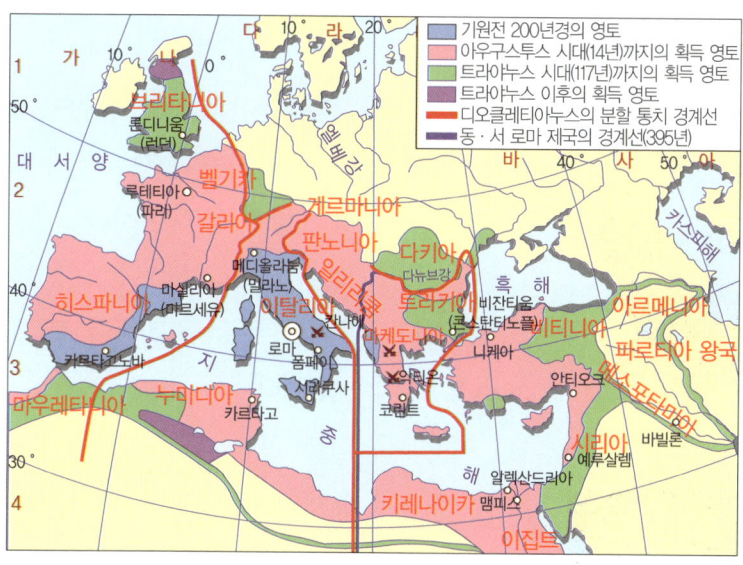

▲ 로마 제국의 발전

10. 신약과 로마의 황제들

신약의 시작

▲ 카이사르

▲ 안토니우스

▲ 클레오파트라
파피루스에 그려진 클레오파트라

폼페이우스와의 친분으로 정권을 잡은 안티파테르는 이후 폼페이우스가 죽자 다시 카이사르(성경 : 가이사)와 친분을 쌓았다. 그렇게 안티파테르는 카이사르로부터 시민권을 부여받고 유다의 행정관으로 임명받았다.

이후 안티파테르가 죽고 나자 그의 아들 헤롯이 후계자로 대두되었다. 그는 카이사르 사후 실권자인 안토니우스와 친분을 쌓아 그 도움으로 유다의 왕이 되었다. 그러나 안토니우스와 프톨레마이오스 왕조 클레오파트라 여왕의 연합군이

▲ 악티움 해전

안토니우스는 우세한 육상 전력에도 불구하고 클레오파트라의 조언으로 해전을 벌여 패전한다.

기원전 31년 악티움 해전에서 옥타비아누스에게 패배하자 그에게도 위기가 닥쳐왔다. 하지만 다시 헤롯은 로도스섬에 있던 옥타비아누스를 알현하여 충성을 맹세했다. 그리고 옥타비아누스의 이집트 원정길에 식량을 제공함으로써 로마 황제의 가신이 되었다.

로마의 도움으로 왕이 된 헤롯은 왕위 계승에 있어 사두개파와 바리새파 모두에게 인정받지 못했다. 자신의 출생 성분이 유대인이 아닌 개종한 이두메 출신이었기 때문이었다.

예수는 헤롯 대왕이 죽기 전, 옥타비아누스(성경 : 가이사 아구스도, 재위 기원전 27~서기 14) 황제 시기인 기원전 4년경에 태어났다. 이때 헤롯은 태어난 사내 아이들을 모두 살해하라는 명령을 내렸다. 이 시기부터 신약의 내용이 전개된다.

왕국의 분할

헤롯 왕이 죽자 그의 왕국은 셋으로 분할되었다. 분할된 왕국은 구체적으로 다음과 같다. 우선 유다와 이두메, 그리고 남부 사마리아는 아들 아켈라우스에게, 갈릴리 북동부는 아들 헤롯 빌립에게, 마지막으로 갈릴리와 뵈레아 지방은 친동생 헤롯 안티파스

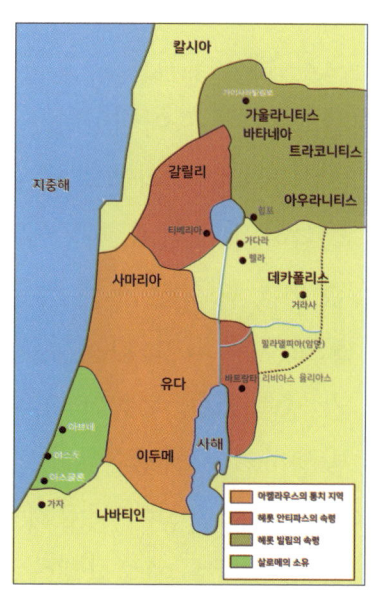

▲ 왕국의 분할

에게 돌아갔다. 헤롯과 마찬가지로 후계자들 역시 유대인들에게 왕으로 인정받지 못했다.

　가장 중요한 예루살렘을 수도로 한 유다 지역의 왕이 된 아켈라우스는 백성들의 심한 반대에 직면했다. 옥타비아누스, 즉 아우구스투스는 이러한 여론에 밀려 어쩔 수없이 서기 6년 아켈라우스를 로마로 소환했다. 그리고 자신이 직접 유다를 통치하기 시작하여 총독을 파견하였다. 이로서 유다 지방에 최초로 로마의 총독 관구가 들어서고, 과세 권한을 행사하기 위해 대대적으로 호구 조사가 실시되었다. 예수의 부모가 베들레헴으로 호적을 등재하러 떠난 것이 바로 이때였다.

▲ 베들레헴으로 향하는 예수의 부모

　로마는 이스라엘의 종교와 관습법에는 간섭하지 않았기 때문에 그리 큰 충돌은 없었다. 하지만 26년 성경에 본디오 빌라도로 기록되어 있는 폰티우스 빌라투스가 총독으로 부임한 이후부터는 분쟁이 발생하기 시작했다. 이 당시 이스라엘 지역에서는 민심이 동요하고 있었다. 빌라투스는 이 동요를 진압하기 위해 예루살렘에 로마군을 증강 배치시켰으며 다수의

▲ 예수의 십자가 처형

선동가들을 처형했다. 이때 예수 역시 십자가에 처형되었는데 아우구스투스(옥타비아누스)의 뒤를 이어 로마 제국의 황제가 된 티베리우스(성경 : 디베료)의 시대 때 일이다.

▲ 티베리우스의 얼굴이 새겨져 있는 동전

기독교의 시작

예수는 30세쯤 되던 서기 28년경부터 공생애(인류의 구원자로서 공적인 삶을 사신 기간)를 시작하였는데 주로 헤롯의 동생 헤롯 안티파스가 왕으로 있었던 갈릴리 지역에서 활동했다.

헤롯 안티파스는 자신이 형수를 취한 데 대해 세례 요한이 비난하자 그를 죽였다. 그리고 훗날 예수가 로마의 빌라투스 총독 앞에서 재판을 받을 때 예루살렘에 와서 예수를 조롱했다.

▲ 세례 요한

많은 제자들을 이끌었던 예수는 유대인들이 절대적으로 믿고 있던 모세법에 대해 기존의 율법학자들과 다른 견해를 보였다. 이는 당시의 종교 지도자들에게는 상당한 위협이었다. 예수는 티베리우스(재위 14~37) 황제 시기인 서기 30년, 예루살렘에서 유대 종교 지도자들에 의해 성전 모독죄로 고소당했다. 로마의 총독 빌라투스는 예수에게 사형을 언도하였다. 하지만 예수는 부활하였고 제자들에 의해 기독교가 성립하게 되었다.

베드로와 바울

제자 중 베드로는 주로 히브리의 전통을 따르는 유대인(할례받은 유대인)들을 대상으로 포교를 했다. 반면 또 다른 제자 바울은 헬라화된 유대인(할례를 받지 않은 유대인)들과 비유대인들을 대상으로 포교했다. 태어날 때부터 로마 시민권을 가졌던 바울은 히브리어와 그리스어에 모두 능했으며 바리새파 출신이었다. 약 25년 동안 바울은 시리아, 팔레스타인, 소아시아, 아테네와 고린도, 빌립보와 데살로니가를 포함한 지중해 영역 전반에 걸쳐 포교 활동을 하였다. 심지어 로마에까지 가서 기독교를 전파하

▲ 베드로

▲ 바울

▲ 콘스탄티누스 대제

▲ 디오클레티아누스 황제

여 이후 콘스탄티누스 대제(재위 306~337)가 기독교를 공인하는 데 결정적 역할을 하였다.

이런 기독교의 공인이 이루어지기 이전인 디오클레티아누스 황제(재위 284~305) 시기에 기독교는 혹독한 박해를 받아야 했다. 반면 유대교는 여전히 합법적인 종교로 인정받았는데 이는 기독교와 유대교가 이 시기 때 이미 완전한 분리가 이루어졌음을 시사한다. 바울과 베드로 모두 네로 황제 시기에 순교했다.

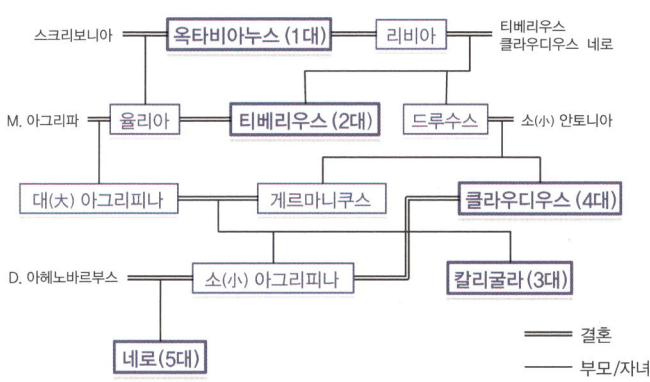
▲ 율리우스-클라우디우스 왕조 계보(일부생략)

로마의 황제들

로마의 첫 번째 황제인 옥타비아누스(재위 기원전 27~서기 14)는 아내 리비아를 평생 사랑했다. 하지만 옥타비아누스와 리비아 사이에는 자녀가 없었다.

옥타비아누스는 리비아와 결혼 전에 이미 결혼하여 딸 율리아를 낳았고, 리비아도 그와 결혼 전 티베리우스와 드루수스를 낳았다. 옥타비아누스의 친딸 율리아는 수많은 남자와 불륜을 저지른 패륜녀였다. 그래서 옥타비아누스는 죽을 때까지 마음고생을 많이 해야 했다. 옥타비아누스는 리비아의 장남인 티베리우스를 자신의 딸 율리아와 결혼시켜 후계자로 임명했다.

▲ 리비아

▲ 율리아

서기 14년 옥타비아누스가 76세의 나이로 사망하자 티베리우스(재위 14~37)는 황제가 되었다. 리비아를 지극히 사랑한 옥타비아누스는 유언장에 티베리우스와 리비아를 공동 상속인으로 지정하고 그녀를 아우구스타라는 호칭으로 부르게 했다. 티베리우스는 재위 내내 리비아의 간섭과 옥타비아누스의 친자식이 아니라는 취약한 정통성의 문제에 직면했다. 결국 그는 노이로제와 우울증에 시달리다 서기 37년, 78세의 나이로 고독하게 죽었다. 평소 사이가 좋지 않던 원로원은 카이사르나 옥타비아누스와 달리 그가 사망 이후 신격화되는 것을 허용하지 않았다.

율리아와 티베리우스 사이에 아들이 태어났지만 얼마 지나지 않아 사망했다. 따라서

▲ 칼리굴라

자식이 없었던 티베리우스 동생의 손자인 칼리굴라가 3대 황제가 되었는데, 이 황제는 어처구니없게도 41년 자신이 모욕한 근위대 장교에게 살해되었다. 황제뿐만 아니라 황비와 어린 황녀들도 살해되었다.

원로원은 이 기회에 공화정을 부활시키려 했지만 칼리굴라의 숙부 클라우디우스(성경 : 글라우디오)가 근위대에게 포상을 약속하고 제4대 황제가 되었다. 클라우디우스의 후비 중에 야심이 많고 혈기가 넘치는 칼리굴라의 누이인 소(小)아그리피나가 있었다. 이

▲ 클라우디우스

여자는 클라우디우스와 결혼하기 전에 이미 네로라는 아들이 있었다. 즉 네로는 클라우디우스의 친아들이 아님에도 불구하고 아그리피나의 끈질긴 노력 끝에 클라우디우스의 딸과 결혼시켜 후계자로 만들었다. 이 네로가 로마의 제5대 황제가 되었다.

네로 황제(재위 54~68)는 폭군으로 널리 알려져 있는 인물이다. 네로는 어머니의 성격을 물려받아 감정적이고 자제심이 없었다. 오로지 취미는 스포츠, 음악, 문예였다. 네로의 어머니는 네로를 황제로 삼고 자신이 직접 로마를 통치하려 한 야심 많은 여자였다. 그런데 아들이 자신을 멀리하자 네로가 취했을 때 요란한 화장을 하고 다가가 키스를 하는 등 유혹을 시도했다. 자칫 모자간의 불륜이 일어날뻔한 것이다.

64년 로마에서 큰 화재가 발생해 도시의 절반이 불탔다. 이때 네로는 로마시 근처에서 휴가를 보내고 있었는데 즉시 귀환하여 이재민 구호와 시 재건에 전념했다. 하지만 평소 그의 행실이 좋지 못했기 때문에 화재 당시 네로가 이를 구경하며 트로이 멸망의 시를 읊었다는 소문이 돌았다. 심지어 로마에 새로운 자기 이름의 도시를 세우려고 일부러 방화했다는 구설수에 올라 민중 폭동이 일어났다. 네로는 분노한 시민의 화살을 돌리려고 방화의 주범을 기독교 신자에게 뒤집어씌웠다. 신자들을 십자가에 못 박아 죽이거나 불에 태워 죽이기도 하였고 짐승의 껍질을 뒤집어씌워서 개한테 물려죽게 하기도 했다. 이 시기에 베드로와 바울이 순교했다.

정치에 싫증난 네로는 그리스 문화에 심취하여 스포츠와 예술 콩쿠르를 로마에 도입했다. 그리고 자신이 극장의 무대에서 직접 가수로 나서기도 하여 로마 지배층의 반감을 샀다.

▲ 불타는 로마와 네로 황제

제1차 군인 황제 시대 (68~69)

네로는 궁궐을 신축하고 자신이 총애하는 사람들에게 선물을 하사하는데 국고를 낭비했다. 그 선물 비용만 하더라도 연간 군사비의 몇 배에 해당할 지경이었다. 이런 상황 속에 브리튼(현재의 영국)에서 반란이 일어났고 66~70년에는 유다에서도 반란이 일어났다.

메시아 사상으로 강력하게 무장한 열심당은 목숨을 걸고 로마의 지배에서 벗어나고자 봉기한 것이다. 네로 황제는 베스파시아누스에게 이 반란 진압을 명령했다.

네로 말기에 외적으로 이러한 반란들이 계속되었지만 내부에서도 황제에 반대하는 자들이 늘어만 갔다. 결국 반대파들은

▲ 베스파시아누스

갈바를 새로운 황제로 추대했다. 원로원은 네로에게 십자가에 매달려 채찍에 맞아 죽는 형을 내렸다. 근위대에게마저 배신당한 네로는 단검으로 목을 찔러 자살했다. 한편 네로가 스스로 목을 찌르지 못해 옆에 있던 노예가 자살을 도왔다는 설도 있다. 이로서 율리우스-클라우디우스 왕조는 단절되었다.

68년 갈바(재위 68. 6. 18~69. 1. 15)가 반란군에 의해 제6대 황제로 추대되었다. 갈바는 국가 재정을 충당하기 위해 네로가 주위 사람들에게 선물한 재산을 몰수했는

▲ 갈바

데 재산을 빼앗긴 자들은 분개했다. 갈바의 부하들도 탐욕적으로 재산을 긁어 모아 갈수록 황제의 인기는 떨어졌다. 이후 갈바 황제는 자신이 황제가 되도록 협조한 오토를 제치고 다른 자를 후계자로 선정했다. 이에 분개한 오토는 근위대를 회유하여 스스로 제7대 황제에 추대되었다. 당황한 갈바 황제는 저항하려 했으나 오토의 공격을 받고 사망했다.

▲ 오토 황제

　오토는 원래 전임 네로 황제의 신임을 받았으나 네로가 자신의 아내와 불륜에 빠져 오히려 지방으로 좌천된 인물이었다. 따라서 네로 황제에 강한 적대심을 가지고 있던 오토는 원로원의 투표에 의해 갈바를 이어 황제(재위 69. 1. 15~69. 4. 15)의 자리에 올랐다. 그러나 그는 불과 3개월 만에 비텔리우스에 의해 폐위되고 자살했다.

▲ 비텔리우스

　그리고 비텔리우스가 라인 군단을 기반으로 로마의 제8대 황제가 되었다. 제8대 황제인 비텔리우스 황제(재위 69. 4. 16~69. 12. 20) 역시 마찬가지로 재위기간이 그리 길지 못했다. 황제가 된 비텔리우스는 환락, 축제 그리고 무분별한 언동을 거듭했다. 이런 상황 속에서 도나우 군단이 반기를 들고 베스파시아누스를 황제로 추대했다. 당시 베스파시아누스는 유다 반란을 진압하고 있었는데 수습을 아들 티투스에게 맡기고 급히 로마로

들어가 정권을 잡았다.

겁을 먹은 비텔리우스 황제는 자진하여 퇴위할 것을 간청했으나 거부당했다. 도나우 군단에게 끌려나와 황제가 모욕을 당하며 처형되기 직전의 일이다. 비텔리우스는 자신을 모욕하는 군인들에게 "나는 그래도 한때나마 너희들의 황제였었다."라고 외쳤다. 로마의 역사가 타키투스는 자신의 저서에서 이 일화를 언급하면서 "살아 생전에 그가 황제답게 행동한 유일한 모습이었다."라고 비웃었다.

예루살렘의 멸망과 신약의 종결

제9대 황제인 베스파시아누스 황제(재위 69~79)는 로마 최초의 평민 출신으로 황제가 된 인물로서 플라비우스 왕조를 열었다. 그는 네로 황제 시절 여러 반란을 진압하는 데 전공을 세워 능력을 인정받고 출세했다. 그러나 연회에 참석하여 네로 황제의 시를 듣는 도중 졸았다는 이유로 유배되었다. 하지만 유다 지역에서 반란이 일어나 반란군 진압의 명을 받고 다시 등용되었다. 유다 반란을 진압하고 있던 도중 로마에서 혼란이 발생하자 이를 수습할 적임자로 그의 이름이 시민들에게서 거론되었다. 베스파시아누스는 즉시 로마에 입성하여 로마 황제의 자리에 올랐다. 그리고 유다 진압군의 지휘권은 그의 아들 티투스에게 승계되었다.

▲ 티투스

70년 티투스는 마침내 예루살렘을 정복하였다. 이제 예루살렘은 로마의 한 도시가 되었다. 그리고 유대인에게는 더 이상 예루살렘에 들어오는 것이 허락되지 않았다. 이때 살아남은 일부 열심당원들은 사해 서쪽에 위치한 천연 요새 마사다에서 최후의 저항을 벌였다. 그러나 이러한 저항도 3년 만에 진압되었고 이스라엘의 역사는 결국 그 종말을 고하게 되었다.

▲ 천연 요새 마사다

베스파시아누스 황제에 이어 첫째아들 티투스(재위 79~81)가 제10대 황제가 되었다. 다시 그 뒤를 이어 티투스의 동생 도미티아누스가 제11대 황제(재위 81~96)로 즉위하였다. 이 황제는 기독교를 심하게 박해했는데 이때 요한이 유배되어 신약의 마지막인 요한계시록을 저술하였다.

▲ 도미티아누스

▲ 사도 요한

▲ 예수와 12제자

1490년대 레오나르도 다빈치가 그린 그림 〈최후의 만찬〉이다. 십자가에 처형되기 하루 전 예수가 12제자와 일렬로 앉아 식사를 하고 있는 모습이다. 일단 예수를 중심으로 제자들이 양쪽에 6명씩으로 나뉘어 앉은 12제자는 새 예루살렘 성전의 12문을 상징한다. 또한 뒤편 세 개의 창문은 삼위일체를 상징한다. 제자들은 다시 3명씩 총 4개의 그룹으로 나뉘어 있는데 이것은 4개의 복음서를 상징한다.

12 제자 : 아래의 표는 위의 그림 왼쪽부터의 순서이다.

사도	개신교 표기	로마 가톨릭 표기		축일
1	바돌로매	바르톨로메오	산 채로 참수 당했기 때문에 단도와 벗겨진 살가죽이 상징이다	8월 24일
2	알패오의 아들 야고보	소 야고보	개신교에서는 예수의 친형제 야고보와 구별한다	5월 3일
3	안드레	안드레아	X자 십자가에 달려 순교하여 상징이 된다 두손을 들고 놀라는 표정이다	11월 30일
4	가롯 유다	이스카리옷 유다	뇌물로 받은 돈자루를 쥐고 있다 12사도에서 축출 된다	
5	베드로		칼을 들고 고개를 기대고 있다 초대교황, 천국의 열쇠가 상징이다	6월 29일
6	요한		요한복음과 요한서신과 요한계시록을 저술하고 유일하게 천수를 누렸다	12월 27일
7	도마	토마스	예수의 못자국을 찔러본 그는 궁금한 표정으로 손가락을 들고 있다	7월 3일
8	세배대의 아들 야고보	대 야고보	사도 요한의 형이며 사도들 중 최초로 순교한다	7월 25일
9	빌립	필립보	가슴에 손을 얹고 결백을 표시한다 세례자 요한의 제자이다	5월 3일
10	마태	마태오	전직이 세금징수원으로서 금융업자의 수호성인이다	9월 21일
11	다대오	유다 타대오	일명 관대한 유다로서 가롯 유다와 동명이인이다	10월 28일
12	시몬		과격한 열심당원으로 심각한 표정이다 톱으로 순교당해 그것을 상징으로 한다	10월 28일

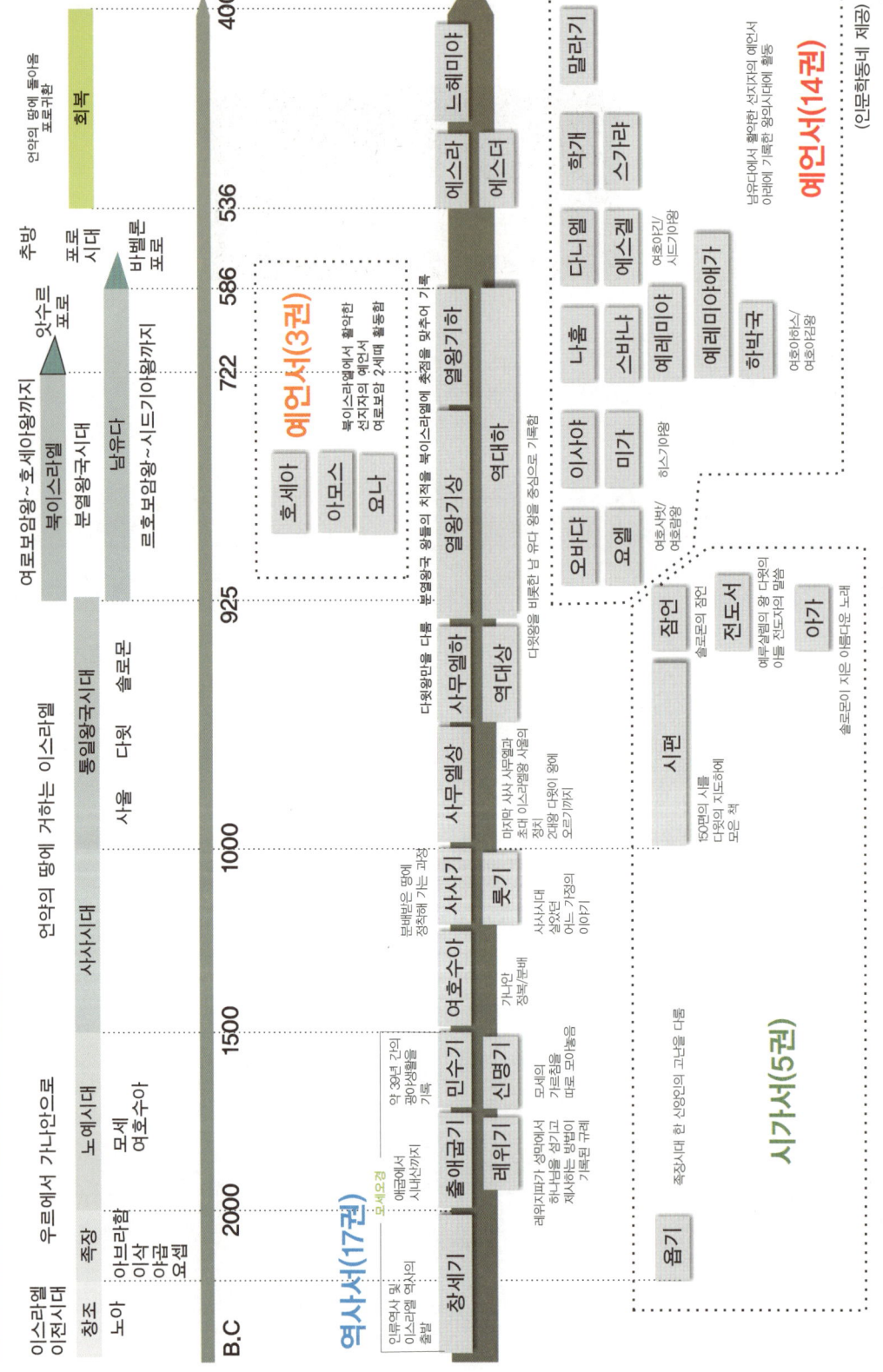

한눈에 보는 신약 성경

복음서(4권)

마태복음
 시리 마태. AD 70~80
 유대인 그리스도인을 위해 쓰여짐. 설교자
 말씀에 중심을 둠. 예수님에 관해 구약에서 인용
 행위 1~12장

마가복음
 마가. AD 55~65
 고난 당해 박해 중에 있는 사람들을 위해 쓰여짐
 이적. 수난을 중심으로 기록 - 작성적

누가복음
 의사 누가. AD 63년 이전
 이방인 그리스도인을 위해 쓰여짐
 역사적 사실강조. 평등. 낮은자

요한복음
 예수님의 사랑하는 제자 요한. AD 85~96
 예수님 중심. 영적인 것을 강조
 개인의 신앙을 중요시. 상징적 구체적으로 묘사

역사서(1권)

사도행전
 누가. AD 63년경
 § 초대교회 시작부터 베드로의
   활약 1~12장
 § 바울의 1차 선교여행 13, 14장
 § 예루살렘 총교회의
 § 바울의 2차 선교여행
   - 고린도에 머물며
 § 바울의 3차 선교여행
   - 에베소에서
   - 마케도니아에서
   - 고린도에서
 § 예루살렘에서 체포됨. 로마행
   - 1차 구금(2년간)

일반서신(8권)

히브리서
 구약의 성막과 제사의 시각에서 그리스도를 봄

야고보서
 AD 5년 이후, 예수님의 동생 야고보
 믿음의 실천을 강조함

베드로전서
 AD 63~64 고난과 핍박 속에서 인내를 강조함

베드로후서

요한 1,2,3서
 AD 90~96 사도요한. 하나님의 사랑을 강조함

유다서
 AD 64년. 예수님과 함께 들어온 경건치 못한
 가르치시들을 강력히 경고함

바울서신(13권)

데살로니가 전,후서
 AD 52 재럼 문제를 다룸
 광신자들의 종말 도래설로 소란스러움

갈라디아서
 AD 52 유대주의에 대항해 할례, 율법
 등과 복음의 관계를 다룸

고린도 전서
 AD 56~57 고린도교회에 발생한 문제들
 즉 분쟁, 음행, 소송, 은사, 부활 등에 대한
 문제들을 다룸

고린도 후서

로마서
 AD 58 성경 중의 성경, 가장 논리적이고
 체계적임. 로마교회에 하나님의 은혜로
 구원의 길을 설명함

옥중서신-1차 구금(4권)

골로새서
 교회에 침투한 이단을 염두에 두고
 그리스도의 우월성을 강조

빌레몬서
 1차 구금 당시 우연히 골로새 교회 지도자
 빌레몬의 도망 나온 노예 '오네시모'를 만나
 그의 선처를 부탁하는 편지를 빌레몬에게 씀

에베소서
 교회에 침투한 이단을 염두에 두고
 그리스도의 우월성을 강조함

빌립보서
 고난 가운데 얻은 초월적인 기쁨과 한 마음으로
 연합할 것을 일함.

목회서신(2권)

디모데 전서
 AD 62 사도행전 이후, 장시 플러난
 바울이 4차 전도여행 중에
 에베소에 목회하라고 남겨놓은
 디모데에게 보냄

디도서
 그레데 섬에 목회하라고 남겨놓은
 디도에게 보냄

옥중서신-2차 구금 중(1권)

디모데 후서
 AD 68 로마대화재(AD 64) 후
 그리스도인에 의해 오중에
 체포되어 디모데에게 보냄

목시문학(1권)

요한계시록
 AD 85~96 사도요한
 로마가 공공연히 기독교를 박해할
 무렵 사도요한이 밧모섬에서 유배
 생활 할 때 위기에 처한 교회를 위해
 기도하다가 앞세에 일어날 일들을
 환상 중에 보고 기록.
 주된 메세지는 악이 아무리 남뛰어도
 역사는 하나님의 손에 있으므로 때가
 되면 악은 심판을 받고 성도는
 구원을 받으니 "참고 기다리라"는 것임

(인문학동네 제공)

문예사조

미국의 문학 이론가 르네 웰렉(Rene Wellek)은 '문예사조'란 특정한 시기를 지배하는 문학과 예술의 규범체계라고 정의하였다. 그런데 이러한 문예사조는 근대적 개념으로서 근대 이전 시대의 문학, 예술을 파악하는 데는 그 한계가 있다. 따라서 이 단원에서는 어디까지나 근대 이후의 문예를 대상으로 국한하여 사조의 흐름을 개괄적으로 파악하고자 한다. 또한 문예사조는 서구적 개념으로서 그 개념을 도식적으로 우리나라에 적용하는 것이 오히려 한국 문예사의 특수한 측면을 간과할 우려가 있다. 이러한 한계성을 염두에 두고 대략 1910년대 이후 다양한 사조적 특성을 보이는 한국의 문예사조를 간략히 기술하고자 한다.

서구의 문예사조

고전주의

● 17~18세기

1. 고대 그리스, 로마 문학을 계승하여 프랑스 문학을 바탕으로((P.코르네유, J.B.라신, 몰리에르 등) 영국, 독일 등(J.드라이든, A.포프, G.E.레싱) 전 유럽에 파급되었다.
2. 데카르트를 위시한 합리주의자들의 이성주의를 철학적 바탕으로 하고 있다.
3. ① 보편적인 세계의 전통적인 원리 원칙을 지향하고 조화와 균형, 완성된 형식미를 중시하였다.
   ② 시의 '대구법', 고전극의 '삼단일(三單一)의 법칙'. 미술의 '대칭법'을 중시하였다.
   ③ 객관적, 정적, 조소적(彫塑的)이며 비극(悲劇)에 큰 가치를 부여한다.
   ④ 지나친 형식주의에 치우쳐 역사성과 독창성의 결여 등의 한계를 지닌다.
4. 대표적인 문예작품

단테 (1265~1321)
〈신곡〉

로댕 (1840~1917)
〈생각하는 사람〉
단테 〈신곡〉의 영향을 받은 것으로 추측

셰익스피어 (1564~1616)
〈햄릿〉, 〈리어왕〉, 〈맥베드〉, 〈오델로〉

몰리에르 (1622~1673)
〈수전노〉, 〈인간 혐오〉

존 드라이든 (1631~1700)
〈경이의 해〉

장 라신 (1639~1699)
〈소송광〉

대니얼 디포 (1660~1731)
〈로빈슨 크루소〉

조나단 스위프트 (1667~1745)
〈걸리버 여행기〉

요한 볼프강 폰 괴테 (1749~1832)
〈파우스트(Faust)〉

낭만주의

◯ 18세기 말~19세기 전반

1. '질풍노도(Strum and Drang)'의 분위기와 자기 표현적 성향이 강하다.
   이성보다 감성, 보편성보다 특수성, 형식보다는 내용, 규범의 틀을 벗어난 개성의 자유를 중시한다.
2. 낭만주의의 지나친 비현실성은 그에 대한 반발로 후대의 사실주의를 야기한다.
3. W.워즈워스, S.T.콜리지, J.키트, G.G.바이런 등이 대표적이며 한국에서는 주요한, 이상화, 홍사용, 나도향 등이 있다.
4. 대표적인 문예작품

요한 볼프강 폰 괴테 (1749~1832)
〈젊은 베르테르의 슬픔〉

노발리스 (1772~1801)
〈밤의 찬가〉, 〈푸른 꽃〉

조지 고든 바이런 (1788~1824)
〈해적〉〈카인〉

퍼시 비시 셸리 (1792~1822)
〈종달새〉

하인리히 하이네 (1797~1856)
〈독일의 겨울 이야기〉

알렉상드르 뒤마 (1802~1870)
〈삼총사〉, 〈몬테크리스트 백작〉

빅토르 위고 (1802~1885)
〈레미제라블〉, 〈노트르담의 꼽추〉

너새니얼 호손 (1804~1864)
〈주홍글씨〉

사실주의

◯ 19세기 후반

1. 주관을 배격하고 객관적이고 과학적인 태도로 현실을 엄격하게 인식한다.
2. 인간의 속물적 근성과 타락, 범죄, 빈곤 등의 추악하고 어두운 면만을 묘사, 폭로함으로 인간의 양면성을 무시했다.
3. G. 플로베르, G. 모파상, E.졸라, 콩코르 형제, A.도데 등이 있으며 한국에는 김동인, 염상섭, 현진건 등이 있다.

4. 대표적인 문예작품

스탕달 (1783~1842)
〈적과 흑〉

오노레 드 발자크 (1799~1850)
〈인간 희극〉

찰스 디킨스 (1812~1870)
〈올리버 트위스트〉, 〈위대한 유산〉

이반 투르게네프 (1818~1883)
〈첫사랑〉, 〈처녀지〉

귀스타브 플로베르 (1821~1880)
〈보바리 부인〉, 〈성 앙투안느의 유혹〉

표도르 도스토옙스키 (1821~1881)
〈죄와 벌〉, 〈백치〉, 〈카라마조프의 형제들〉

기 드 모파상 (1850~1893)
〈여자의 일생〉, 〈목걸이〉, 〈비계 덩어리〉

어니스트 헤밍웨이 (1899~1961)
〈무기여 잘 있거라〉, 〈누구를 위하여 종은 울리나〉

자연주의

◯ 19세기 후반

1. 일명 과학적 사실주의라고도 하며 사실주의 원리에 실험적, 해부적, 검증적, 실증적인 근대 자연과학의 방법론을 적용하였다.
2. 다윈의 진화론, 기계론적 자연관과 환경 결정론을 발생 배경으로 하는 사실주의 극단적 경향이다.
3. 우상과 미신의 타파라는 긍정적인 평가와 현실의 어두운 면을 지나치게 부각시켰다는 부정적인 평가가 상존한다.
4. 대표적인 문예작품

헨리크 입센 (1828~1906)
〈인형의 집〉, 〈유령〉

에밀 졸라 (1840~1902)
〈목로 주점〉, 〈나나〉

토머스 하디 (1840~1928)
〈테스〉, 〈귀향〉

존 스타인벡 (1902~1968)
〈분노의 포도〉

상징주의

● 19세기 말

1. 사고를 통제하는 이성적 규범과 자아의 구속을 벗어나 신비한 이상향의 세계를 공감각적 심상, 암시성으로 표현
2. C.P.보들레르, A.랭보, S.말라르메, P. 발레리 등이 대표적이며 우리 왕조에는 김억, 황석우 등이 도입, 시문학파, 모더니즘과 청록파, 생명파 시인 등이 있다.
3. 영혼을 배격하는 '고답파'의 무감동성과 추악한 인간성을 부각하는 리얼리즘의 몰 이상주의에 반대하여 나타났다.

> **고답파(parnassienne, Ecole/ 高踏派)**
> 19세기 후반 지나치게 감상적인 낭만주의에 대한 반동으로 생겨난 프랑스 근대시의 한 유파 그리스 신화의 아폴로가 살았다는 파르나소스 산에서 유래한 명칭이다.
> 실증적인 형식을 중시하여 시의 서정성이 부족하며 다음 세대인 상징파에 의하여 쇠퇴하였다.

4. 대표적인 문예작품

샤를 보들레르 (1821~1867)
〈악의 꽃〉

스테판 말라르메 (1842~1898)
〈목신의 오후〉

폴 베를렌 (1844~1896)
〈화려한 향연〉

아르튀르 랭보 (1854~1891)
〈지옥의 계절〉

윌리엄 예이츠 (1865~1939)
〈이니스프리의 호수 섬〉

폴 발레리 (1871~1945)
〈젊은 파르크〉

주지주의 Modernism

● 20세기

1. 넓은 의미로 초현실주의, 입체파, 미래파, 야수파, 다다이즘, 표현주의, 인상주의 등을 포괄하며 이미지즘 주지주의로 국한하여 정의하기도 한다.

> **다다이즘**
> 1차 세계대전의 불안의식을 반영한 문학운동으로 차라(Tristan Tzara)가 주도.
> 논리적 구성이나 주제의 뚜렷한 표현을 거부하고 모든 규범과 형식을 파괴하는 혁신적인 운동.

2. 외적 경험보다 내적 경험, 객체보다 주체, 집단의식보다는 개인의식을 중시하였다.
    대륙의 아방가르드 주의는 프로이드의 정신분석 이론에 따른 내적 실재의 이해를 받아들였고 영미의 모더니즘은 T. E. 흄의 불연속적 세계관의 영향을 받았다.

> **아방가르드 운동**
> 현실의 삶에서 유리된 심미주의에 대한 반발로 피카소에 의해 주도된 입체파 운동.
> 단순히 사물을 재현하는 것이 아니라 원래의 형태와 다르게 입방체 등의 전위예술로 표현한다.

> **불연속적 세계관**
> 종래의 유기적인 세계관을 거부하고 불연속적이고 기하학적 실재로 세계를 파악하는 관점.
> 문학에서는 휴머니즘적 관점을 버리고 작가의 감정을 억제하는 지성적 태도를 견지하는 특성을 보인다.

3. T.E. 흄, E. 파운드, T.S.엘리어트, I.A.리처즈(이미지스트, 주지주의) 등이 대표적이며 한국에서는 정지용, 김기림, 김광균, 최재서, 이상 등에게 영향을 주었다.
4. 대표적인 문예작품

T. S. 엘리엇 (1888~1965)
〈황무지〉, 〈칵테일파티〉

문예사조

초현실주의

◐ 20세기 초

1. 외적 현실의 묘사에만 치중한 사실주의와 자연주의에 대한 반발로 일어난 예술적 경향
2. 인위적인 조작과 합리화를 추구하는 이지와 논리를 배격하고 의식의 흐름과 내적 독백 등을 중시하였다.

> **자동(自動) 기술법**
> 앙드레 브르통이 창시한 초현실주의 기법이다. 무의식의 세계에서 특정한 의도 없이 떠오르는 이미지 그대로를 기술하는 방법, 정신 분석학에서 다루는 무의식적으로 지껄이는 정신병 환자의 상태를 적용하여 의미 없는 독백을 그대로 기록한다. 브르통과 필립 수포가 합작한 1919년 작 '자장(磁場)'이 최초의 초현실주의 작품이다.

3. 자동기술법과 자유 연상 기법을 동원하여 무의식의 세계를 탐구하였다.

> **자유연상법 (free association)**
> 정신분석적 진단법의 하나로 어떠한 자극어(刺戟語)를 주고 그에 연상되어 나타나는 반응어(反應語)의 내용, 빈도, 반응시간 및 유의미 정도, 반응어들 간의 상호 의미관계 등을 파악한다. 처음 자극어 외에 특정한 자극을 주지 않고 마음에 연상되는 반응을 진단하는 정신분석 기법으로 언어에 국한되지 않고 그림, 물건 등을 적용하기도 한다.

4. 대표적인 문예작품

로버트 프로스트 (1874~1963)
〈가지 않은 길〉

제임스 조이스 (1882~1941)
〈율리시즈〉

버지니아 울프 (1882~1941)
〈세월〉

앙드레 브르통 (1896~1966)
〈실족〉, 〈자장〉, 〈엘뤼아르〉, 〈샤프〉

윌리엄 포크너 (1897~1962)
〈음향과 분노〉

실존주의

○ 제2차 세계대전 이후

1. 모든 사상과 철학의 중심으로 휴머니즘을 그 바탕으로 삼고 인간 실존의 구체성과 문제적 성격을 강조하였다.
2. 불안, 고독, 부조리한 한계 상황에서 인간의 근본적인 존재 방식과 선택을 위한 결단, 자유와 책임 등을 다룬다.
3. 이성적인 의식, 정신, 이데아 등을 강조하는 일체의 관념론 사상에 반대한다.
4. 대표적인 문예작품

프란츠 카프카 (1883~1924)
〈심판〉, 〈변신〉, 〈성〉, 〈고찰〉

사르트르 (1905~1980)
〈구토〉, 〈벽〉, 〈자유의 길〉

알베르트 까뮈 (1913~1960)
〈이방인〉, 〈계엄령〉, 〈페스트〉, 〈전락〉
〈시시포스의 신화〉

앙드레 말로 (1901~1976)
〈인간 조건〉, 〈정복자〉, 〈왕성의 길〉

포스트모더니즘 postmodernism

○ 1960년대

1. 다양한 변화와 실험을 특징으로 하는 미국과 유럽에서 시작된 문예사조의 한 조류.
2. 극도로 파편화된 세계와 모더니즘적 질서에 대한 반항으로 출현
   기존 소설의 형태를 부정하는 앙티로망(반소설)이나 작품 속의 주요인물이 히어로가 아니라 안티히어로가 되는 경향 모더니즘을 수용하여 극단적 형태로 발전시키거나 또는 모더니즘과 상충되는 정반대의 입장을 취하기도 한다.
3. 과도한 상투성을 풍자적으로 강조하는 패러디(parody)나 원전과의 유사성을 강조하는 패스티시(pastiche)의 표현기법
4. 대표적인 문예작품

윌리엄 버로스 (1914~1997)
〈익스터미네이터 The Exterminator〉

존 바스 (1930~)
〈여로의 끝 The End of the Road〉
〈미로 속에서 길을 잃고
Lost in the Funhouse〉

토머스 핀천 (1937~)
〈브이 V〉〈49호 품목의 경매〉
〈중력의 무지개〉

도널드 바셀미 (1931~1989)
〈도시생활〉
〈돌아와요, 캘리거리 박사〉

문예사조

한국의 문예사조

계몽주의

1. 신문학 초기 이광수, 최남선의 2인 문단시대로서 민중을 계몽의 대상으로 보는 교훈주의 문학
2. 대표적인 문예작품

최남선 (1890~1957)
「해에게서 소년에게(1908)」

이광수 (1892~1950)
「어린희생(1910)」, 「무정(1917)」

퇴폐주의

1920년대 동인지 〈폐허〉를 중심으로 하는 문예사조로서 3.1운동이 실패한 시대적 상황을 반영한다.

오상순 (1894~1963)
「시대고(時代苦)와 희생(犧牲)(1920)」

황석우 (1895~1960)
「태양의 침몰(1920)」

김억 (1896~)
「스핑쓰의 고뇌(苦惱)(1920)」

낭만주의

1920년대 동인지 〈백조〉를 중심으로 한 감상적 낭만주의 사조.

홍사용 (1900~1947)
「나는 왕이로소이다(1923)」

박영희 (1901~?)
「월광으로 짠 병실(1923)」

이상화 (1901~1943)
「나의 침실로(1923)」

유미주의

한국에서는 특별한 유파를 형성하지 않고 30년대 시문학파, 구인회 등 시대상황에 따라 다양한 형태로 나타난다.
1. 계몽주의에 반대하여 순수문학을 추구하는 예술 지상주의 사조.
2. 대표적인 문예작품

김동인 (1900~1951)
「광염소나타(1930)」, 「광화사(1935)」

김영랑 (1903~1950)
「모란이 피기까지는(1934)」

이효석 (1907~1942)
「메밀꽃 필 무렵(1936)」

사실주의

1920년대 계몽주의에 대한 반발로 시작하였으며 동인지 〈창조〉를 중심으로 하며 신경향파 문학과 관련되어 있다.

염상섭 (1897~1963)
「3대(1931)」

현진건 (1900~1943)
「빈처」, 「술권하는 사회」(1921)
「운수 좋은 날」, 「B 사감과 러브레터」

최서해 (1901~1932)
「탈출기(1925)」

자연주의

1920년대 우울한 사회적 분위기를 과학적 기법으로 냉혹하게 저술하는 문예사조

염상섭 (1897~1963)
「표본실의 청개구리(1921)」

김동인 (1900~1951)
「명문」, 「감자」, 「시골 황서방」(1925)

문예사조

KAPF 조선 프롤레타리아 예술가 동맹

1925년 한국의 사회주의 혁명을 위해 조직한 문예운동단체 KAPF(Korea Artists Proletariat Federation)

박영희 (1901~?)
「문예운동의 방향전환」,
「문예운동의 목적의식론」(1927)

막심 고리키 (러 1868~1936)
프롤레타리아 문학
「어머니」, 「유년시대」

김기진 (1903~1985)
「붉은 쥐」(1924), 「불이야 불이야」
「젊은 이상주의자의 사(死)」(1925)

주지주의

1930년대 중반 지성의 절대적 우위를 강조하고 정신적 질서를 회복하고자 하는 문학적 경향

김기림 (1908~?)
「기상도(氣象圖)」(1936)

최재서 (1908~1964)
「현대주지주의문학이론의 건설」(1934)

모더니즘 시

김기림 (1908~?)
「태양의 풍속」「바다와 나비」

이상 (1910~1937)
「오감도」「거울」「가정」

김광균 (1914~1993)
「와사등」「외인촌」
「추일서정」(1940)

장만영 (1914~1975)
「달·포도·잎사귀」

정지용 (1902~1950)
「향수」(1927)
「유리창」「바다」

저항시

심훈 (1901~1936)
「그날이 오면」

이육사 (1904~1944)
「황혼」「청포도」「절정」(1940)

윤동주 (1917~1945)
「자화상」「서시」(1941)
「별 헤는 밤」(1941)「참회록」(1942)

생명파 시

감각주의적인 모더니즘에 반발
생명의 충동과 고뇌를 중시하는 경향

유치환 (1908~1967)
형이상적·사변적 탐구
「깃발」「일월」「생명의 서」(1947)
「울릉도」(1948)

서정주 (1915~2000)
〈시인부락〉을 주재
「화사」「자화상」(1941)
「귀촉도」(1943)

청록파 시

〈문장 1939〉을 통해 등단한 시인들
자연관조와 친화적인 태도를 표출

박목월 (1916~1978)
민요적 율조, 향토적 정서
「산그늘」「산도화」(1955)
「윤사월」(1946)

조지훈 (1920~1968)
향수와 선적(禪的)관조
「고풍의상」「승무」
「봉황수」(1940)

박두진 (1916~1998)
자연과의 교감과 기독교
「묘지송」「향현」
「낙엽송」「들국화」

문예사조

해방 직후 좌우익의 대립

채만식 (1902~1950)
「민족의 죄인」

이태준 (1904~1970)
「해방 전후」

염상섭 (1897~1963)
「두 파산」

실존주의

현실세계의 부조리를 주목하여 휴머니즘에 바탕을 둔 문예사조의 경향

이범선 (1920~1982)
「오발탄」(1959)

장용학 (1921~1999)
「요한시집」(1955)

김춘수 (1922~2004)
「꽃」(1952?), 「꽃을 위한 서시」(1957)

1960·70년대 문학

산업화·근대화 및 그 이면의 억압적 사회상을 반영

김동리 (1913~1995)
「등신불」종교적 구원

전광용 (1919~1988)
「꺼삐딴 리」시류와 타협하는 변절주의자

최인훈 (1936~)
「광장」분단 상황 속 인간의 고뇌와 좌절

김승옥 (1941~)
「무진기행」현대인의 일탈심리

서구의 미술사조

르네상스 미술

◐ 14~16세기

피렌체 대성당의 돔(1420)~마니에리스모(Manierismo)

마니에리스모란 영어로 매너리즘이라 하며 오늘날의 부정적인 의미와 달리 르네상스 미술의 방식이나 형식을 계승하되 자신만의 독특한 개성과 스타일로 구현하는 방식이다.

〈비너스의 탄생〉
보티첼리
(1445~1510)

〈모나리자〉
레오나르도 다빈치
(1452~1519)

〈다비드 상〉
미켈란젤로
(1475~1564)

〈오쏘빌 백작부인의 초상〉
앵그르
(1780~1867)

문예사조

바로크 미술

○ 1600~1750년대

바로크는 포르투갈어로 '비뚤어진 진주' 라는 뜻이며 귀족에 버금갈 정도로 성장한 부르주아들이 추구하는 권력의 상징으로 화려하고 장식적인 특성을 갖는다.

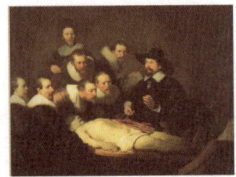

〈의심하는 토마〉
카라바조
(1571~1610)

〈해부학 강의〉
렘브란트
(1606~1669)

베르사이유 궁전 〈거울의 방〉
(1686)

로코코 미술

18세기 프랑스에서 생겨난 예술형식으로 어원은 불어 rocaille(조개무늬 장식, 조약돌)에서 나왔다. 바로크 양식을 수정 계승하여 경박함 속에 표현되는 화려한 색채와 섬세한 장식, 건축의 예술 사조이다.

〈키테라 섬으로의 출항〉
앙투안 바토
(1684~1721)

〈퐁파두르 부인의 초상〉
부셰(1703~1770)

포츠담 상수시 궁전
(1747)

신고전주의

◯ 18세기 말~19세기 초

어원은 고대 로마 시민의 최고계급인 클라시쿠스(classicus)에서 유래했으며 고대 그리스의 범례를 따른다. 균형 잡힌 엄격한 구도와 명확하고 정연한 윤곽, 입체적인 형태를 우선시한다.

〈오달리스크〉
앵그르
(1780~1867)

〈나폴레옹 황제의 대관식〉
다비드
(1748~1825)

낭만주의

◯ 1800~1850년

속어로 쓰인 문학인 중세 프랑스어 'romanz'에서 유래하였다. 객관적 이성주의에 반발하고 감성과 직관에 의존하여 현실을 경시하고 이국적인 것을 동경한다.

〈민중을 이끄는 자유의 여신〉
외젠 들라크루아
1798~1863

〈이리비이 판디지〉

〈안개바다를 굽어보는 산행가〉
프리드리히
(1774~1840)

〈1808년 5월 3일의 처형〉
프란시스코 고야
(1746~1828)

문예사조

사실주의

1855년 쿠르베가 당시 주목받지 못한 작품들을 모은 개인전에 '레알리슴'이라는 이름을 부여한 것이 어원. 그의 '나에게 천사를 보여주면 그것을 그릴 수 있다' 라는 말은 경험한 것만을 그리겠다는 당시 프랑스의 과학주의적 사상을 배경으로 하고 있다.

〈화가의 아틀리에〉
쿠르베
(1819~1877)

〈3등 열차〉
오노레 도미에
(1808~1879)

〈이삭줍기〉
밀레
(1814~1875)

자연주의

19세기 중반 자연을 억지로 꾸미지 않고 있는 그대로의 모습으로 실제의 사물들을 묘사하는 사조

〈건초 마차〉
컨스터블
(1776~1837)

〈과수원〉
코로
(1796~1875)

인상주의

전통적인 회화 기법을 거부하고 색채·색조·질감 자체에 관심을 두는 미술 사조, 자연을 하나의 색채현상으로 보고 빛에 따라 시시각각으로 변하는 자연의 변화를 묘사한다.

〈풀밭 위의 점심식사〉 〈발코니〉
마네
(1832~1883)

〈물랭 드 라 갈레트의 무도회〉
르누아르
(1841~1919)

〈해돋이〉
모네
(1840~1926)

신인상주의

인상주의 작품의 결점인 감산혼합(색이 섞이면 탁해지는 현상)을 방지하기 위해 색점을 찍는 점묘법(Pointillism)을 도입, 원색의 순도를 유지하는 방식으로 인상주의를 더욱 정교하게 발전 완성시켰다.

〈그랑드자트섬의 일요일 오후〉
쇠라
(1859~1891)

〈레장들리의 강둑〉
폴 시냐크
(1863~1935)

문예사조

후기 인상주의

1910년 영국의 평론가 로저 프라이가 명명한 '마네와 후기 인상주의전'이란 전시회의 표제에서 유래. 인상주의의 영향을 받았으나 그들의 스쳐 지나는 묘사에 대조적으로 일관성과 영속성을 부여하고자 했다.

〈과일쟁반이 있는 정물〉
폴 세잔
(1839~1906)

〈해바라기〉
반 고흐
(1853~1890)

〈아베마리아〉
폴 고갱
(1848~1903)

야수파

20세기 초반 모더니즘 예술의 미술사조로서 과감한 원색의 붓질, 고도의 간략화한 추상화이다.

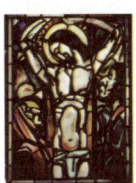

〈기둥에 묶인 그리스도〉
조르주 루오
(1871~1958)

〈녹색의 선〉
앙리 마티스
(1869~1954)

입체파

1908년 브라크의 〈에스타크 풍경〉 연작을 마티스가 '조그만 입체의 덩어리'라고 평한데서 큐비즘이 유래. 2차원적인 캔버스 위에 여러 각도의 묘사를 재구성함으로써 평면을 기하학적으로 분석하고자 하였다.

〈아비뇽의 처녀들〉

파블로 피카소
(1881~1973)

〈게로니카〉

〈바이올린과 주전자〉

조르주 브라크
(1882~1963)

표현주의

20세기 초 자연주의 경향에 반대하여 나타난 표현주의는 종래의 미학적, 객관적인 측면에서 벗어나 작가 자신의 체험을 표현하려는 시도를 강조한다.

〈절규〉

에드바르 뭉크
(1863~1944)

〈마을과 나〉

샤갈
(1887~1985)

문예사조

초현실주의

1차 대전 종전 다음 해 1919년부터 2차 대전 1936년까지 대략 20년 동안 프랑스에서 일어난 전위예술. 1917년 발레 '퍼레이드'의 공연 프로그램에서 최초로 명명되었다.

프로이드 정신분석학의 개념을 차용하여 심리적 자동 연상법에 따라 자유롭고 착란적인 사고의 개념을 중첩된 이미지를 통하여 표현한다.

〈기억의 지속〉
달리
(1904~1989)

〈이것은 파이프가 아니다〉
르네 마그리트
(1898~1967)

추상주의

1910년 칸딘스키의 작품을 시작으로 대상을 기하학적으로 분석하고 구성하는 미술사조.

〈빨강 노랑 파랑의 구성〉
몬드리안
(1872~1944)

〈구성 VIII〉
칸딘스키
(1866~1944)

서구의 음악사조

바로크 음악

1600~1750년대 발전한 성악과 기악으로 불려지는 음악이며 단성음악과 다성음악, 기타 여러 기법이 동원된 작품으로 호화롭고 복잡한 것이 특징이다.

◐ 전기 바로크

몬테 베르디 (1567~1643, 이탈리아)
「오르페오(Orfeo)」

안토니오 비발디 (1678?~1741, 이탈리아)
협주곡 「사계(四季)」

◐ 후기 바로크

바하 (1685~1750, 독일)
음악의 아버지
「마태 수난곡」

헨델 (1685~1759, 독일)
음악의 어머니
「메시아」, 「수상음악」,
「왕궁의 불꽃놀이」

고전파 음악

1750~1810년경까지 오스트리아 빈을 중심으로 발달한 형식미를 중시하는 음악사조

하이든 (1732~1809, 오스트리아)
교향곡의 아버지
「황제」, 「놀람」, 「고별」, 「시계」, 「군대」

모차르트 (1756~1791, 오스트리아)
오페라 「피가로의 결혼」, 「마적」,
「미술피리」, 「돈 조반니」
교향곡 「쥬피터」

베토벤 (1770~1827, 독일) 악성(樂聖)
교향곡 「영웅」, 「운명」, 「전원」, 「합창」
피아노 소나타 「비창」, 「열정」, 「월광」
피아노 협주곡 「황제」, 오페라 「피델리오」

문예사조

낭만파 음악

1815년 나폴레옹의 패전 이후부터 1960년까지의 음악을 지칭 한다.

● 전기 낭만파

베버 (1786~1826, 독일)
오페라 「마탄의 사수」
「무도회의 권유」

슈베르트 (1797~1828, 오스트리아)
가곡집 「겨울 나그네」
「아름다운 물방앗간의 아가씨」
「백조의 노래」

멘델스존 (1809~1847, 독일)
바이올린 협주곡 「마단조」
「한여름 밤의 꿈」

쇼팽 (1810~1849, 폴란드)
피아노곡 「즉흥 환상곡」
「군대 폴로네에즈」 「야상곡」
피아노 협주곡 「1,2 번」

슈만 (1810~1856, 독일)
가곡집 「여인의 사랑과 생애」
「시인의 사랑」
「어린이 정경」

● 후기 낭만파

베를리오즈 (1803~1869, 프랑스)
표제음악의 창시자
「환상 교향곡」 서곡 「로마의 사육제」

리스트 (1811~1886, 헝가리)
피아노의 왕
피아노 「헝가리 광시곡」
교향곡 「파우스트」

바그너 (1813~1883, 독일)
오페라 「탄호이저」 「로엔그린」
악극 「트리스탄과 이졸데」

베르디 (1813~1901, 이탈리아)
오페라 「일트로바토레」 「리골레토」
「라 트라비아타」
「아이다」

구노 (1818~1893, 프랑스)
오페라 「파우스트」 「로미오와 줄리엣」
「아베 마리아」

브람스 (1833~1897, 독일)
「대학 축전 서곡」 「헝가리 춤곡」
「바이올린 협주곡」

차이코프스키 (1840~ 1893, 러시아)
교향곡 「비창」 발레곡 「백조의 호수」
「잠자는 숲속의 미녀」
「호두까기 인형」

푸치니 (1858~1924, 이탈리아)
오페라 「라보엠」 「토스카」
「나비부인」 「투란도트」

국민악파 음악

19세기 후반 작곡가의 민족의식을 반영한 음악으로 러시아, 노르웨이, 보헤미아, 핀란드 등에서 발생했다

드보르작 (1841~1904, 체코)
교향곡 9번 「신세계」
현악4중주 「아메리카」
「슬라브 무곡」

그리그 (1843~1907, 노르웨이)
「페르귄트」 피아노 협주곡 「가단조」

시벨리우스 (1865~1957, 핀란드)
「핀란디아」 「투오넬라의 백조」
「타피올라」

무소르크스키 (839~1881, 러시아)
「벌거숭이산에서의 하룻밤」
「전람회의 그림」 「벼룩의 노래」

림스키 코르사코프
(1844~1908, 러시아)
「세헤라자데」
「스페인 기상곡 (Capriccio Espagnol)」

인상주의 음악

19세기 후반 프랑스에서 시작되어 20세기 중반까지 이어진 음악사조.
표제음악과 같은 구체적 주제의 묘사보다는 분위기와 암시에 치중하는 경향성을 보인다.

드뷔시 (1862~1918, 프랑스)
「바다」 「목신의 오후에의 전주곡」

라벨 (1875~1937, 프랑스)
「볼레로」 「스페인 광시곡」

표현주의 음악

20세기 초반 극도의 긴장, 내적 흥분, 긴장, 악마적 환상 따위를 그린 독일, 오스트리아 중심의 음악

쇤베르크 (1874~1951, 오스트리아, 미국)
12음 기법의 창시자
「달의 피에로」 「정화된 밤」

신고전주의 음악

1차 대전의 부조리를 겪으며 낭만주의에 대한 반발로 명확한 조성감, 뚜렷한 형식성을 갖춘 고전파의 계승

스트라빈스키
(1882~1971, 러시아, 미국)
「불새」「봄의 제전」
「병사의 이야기」

힌데미트 (1895~1963, 독일)
교향곡「화가 마티스」
오페라「화가 마티스」

우연성 음악

20세기 이후의 현대 음악의 계통으로 작곡이나 연주에 우연성을 가하며 불확정성의 음악이라고도 한다.

슈토크하우젠
(1928~2007, 도이칠란트)
전자음악에 크게 기여
「습작 1·2」「접촉」

존 케이지 (1912~1992, 미국)
「4분 33초」「가상 풍경」

한국의 음악과 미술계는 어떠한 특정사조의 계보로 정리하기에 다소 복잡다기한 측면이 있다. 이는 오랜 세월에 걸쳐 변화해온 서구의 문예사조와는 달리 단기간에 걸쳐 수용된 외래문화로 인한 국내 예술계의 급격한 변동과 압축적인 성장에서 유래한다. 따라서 국내 음악과 미술계의 흐름을 당시의 시대적 상황을 고려하여 개괄적으로 살펴보고자 한다.

◐ 개화기

개화사상을 바탕으로 새로운 장르의 음악과 미술활동이 태동한다. 이러한 개화사상을 반영한 대표적인 장르를 살펴보면 다음과 같다.

1. 창가 개화사상을 서양식 악곡에 맞추었으며 3음보의 율격이 특징이다.
   대표작 〈경부철도가〉 (최남선)
2. 개화가사 개화사상에 3·4, 4·4조의 4음보의 율격을 갖췄다
   대표작 〈동심가〉 (이중원)
3. 신체시 개화사상을 바탕으로 고전소설과 현대소설의 과도기적 형태를 보인다.
   대표작 〈해에게서 소년에게〉 (최남선)

◐ 1910년대

이 시대는 외국 문예이론의 활발한 유입과 함께 계몽주의 성향을 띠는 것이 특징이다.
신파극의 유행과 창작희곡이 등장한다.
대표작 〈병자삼인〉 (조중환)

> **중국의 신문화 운동**
> 유교적 전통을 비판하고 민주주의와 근대과학을 도입하여 주체적 인간이 될 것을 지향한 운동
> - 천두슈 잡지〈신청년〉을 간행하고 반유교론, 실용주의 사상을 주장하였다.
> - 후스 백화운동을 제창하여 구어체 문장을 보급하고 문학 혁명을 일으켰다.
> - 루쉰 〈아큐 정전〉을 저술하고 지식의 대중화에 기여하였다.

◐ 1920년대

3·1운동의 실패와 더불어 계몽주의 경향이 퇴조하고 사실주의, 낭만주의 등 다양한 문예사조가 전개된다.
1925년 KAPF의 결성과 함께 계급 문학 운동이 발생한 것도 주요한 특징이다.

한편 국민 문학파가 제기한 시조 부흥론과 극예술 협회, 토월회 등이 조직되어 활동하였다.
대표작 : 영화 〈아리랑〉 (나운규 1926)
　　　　〈고향생각〉 (현제명 1922)
　　　　〈봉선화〉 (홍난파 1920)

홍난파 (1898~1941)
작곡가 겸 피아니스트이자 지휘자. 본명은 홍영후이지만 아호인 난파로 더 알려져 있다. '한국의 슈베르트' 〈봉선화〉 〈성불사의 밤〉 〈옛동산에 올라〉 〈고향 생각〉 등 십 여곡의 가곡
〈고향의 봄〉 〈나뭇잎〉 〈개구리〉 등 111개의 동요

● 1930년대

모더니즘 경향의 작품과 함께 1931년 브나로드 운동의 영향으로 계몽작품이 재등장한다.
극예술 연구회의 활동으로 최초의 사실주의 희곡 토막이 쓰여진다.
대표작 : 〈토막〉 (유치진 1933 공연)
　　　　〈애국가〉 (안익태 1935)

안익태 (1906~1965)
한국 출신의 스페인 작곡가, 첼리스트, 트럼페터, 바이올리니스트, 지휘자
애국가를 작곡했으며, 대표 작품으로 〈한국 환상곡〉이 있다.

● 1940년대

해방 이후 좌우익의 극심한 대립과 식민잔재를 극복하기 위한 다양한 창작활동이 이어졌다.
일제 강점기~해방 이후에 걸쳐 활발한 활동으로 독자적 영역을 구축한 세 명의 미술계 인사들을 살펴보자.

동양화가

김기창 (1913~2001) 호는 운보, 운포

자유롭고 활달한 필력으로 힘차고 동적인 작품세계를 구축하여, 고시적인 풍속화에서부터, 형태의 대담한 왜곡을 거쳐 극단적인 추상에 이르기까지 구상, 추상의 전 영역을 망라하는 폭넓은 작가적 역량을 구사했다
〈전복도〉(1934), 〈가을〉(1934), 〈복덕방〉(1953), 1952~1953년의 〈예수의 생애〉시리즈, 〈군작〉(1959), 〈아악의 리듬〉(1967), 〈태양을 먹은 새〉(1968), 〈닭〉(1977). 1980년대 '청록산수' 연작, 〈점과 선 시리즈〉(1992)

보리타작 (1956)

군마도 (1955)

청산도 (1976)

서양화가

이중섭 (1916~1956) 호는 대향

민족정서를 대표하는 동물로 황소에 대한 작품을 남겼다
〈서있는 소〉, 〈망월〉, 〈소의 머리〉 1940
〈소와 아이〉 1942, 〈푸른 언덕〉 1954, 〈자화상〉 1955 등

황소 (1954)

부부 (1953)

피란민과 첫눈 (1950년대 초반)

문예사조

박수근 (1914~1965) 호는 미석
「나무」, 「복숭아」, 「노인과 소녀」, 「빨래터」
회백색을 주로 쓰면서, 단조로우나 한국적인 주제를 소박한 서민적 감각으로 다루었다

빨래터 (1954)   아기업은 소녀 (1953)   귀로 (1964)

◯ 1950년대

전쟁의 참담한 경험과 전후 사회의 고발적 성격을 갖는 실존주의 경향의 창작활동과 순수예술이 활동한다.

◯ 1960년대

라디오가 보급되기 시작하였으나 아울러 군사정부의 언론통제가 극심하였다. 이 시대의 주된 대중문화는 영화장르였다. 모더니즘 사조에 향토성을 가미한 것이 하나의 주요한 특징이다. 한편 도시화의 영향으로 개인의 소외와 고독을 다루는 작품들이 등장하기도 한다.

◯ 1970년대

텔레비전이 보급되었으나 언론사 통폐합 등 규제는 여전하였다. 통기타와 청바지로 상징되는 젊은이들의 문화가 유행하였다. 이 당시 모더니즘 미술의 주요한 특징은 모노크롬 회회로서 회화 고유의 가치와 가능성을 추구했다.

◯ 1980년대

신군부의 보도지침 제공과 기사검열 등 언론탄압이 여전히 지속되었지만 6월 민주화 항쟁으로 대표되는 저항도 거세졌다. 민주화 요구를 반영하는 민중가요와 민중미술이 두각을 드러내며 사회적 역할이 강조되었다.

1990년대 이후

인터넷의 확산과 정보통신기술의 발달로 다양한 문화적 활동이 가능해졌다. 포스트 모더니즘의 영향으로 다양성과 독창성을 기반으로 한 다수의 작품들이 출현하였다. 그리고 오늘날 이러한 문화는 '한류' 라는 명칭으로 세계각지로 퍼져나가 그 영향을 주고 있다.

윤이상 (1917~1995)
서독과 통일 독일에서 활동한 대한민국 출신의 현대 음악 작곡가, 바이올리니스트, 기타리스트, 첼리스트
북한에서는 1982년부터 매년 윤이상 음악제가 개최된다.

백남준 (1932~2006)
한국 태생의 세기적인 작곡가, 전위예술가
비디오 아트의 창시자

다다익선 (1988)

문예사조

[이만적]

약력
한국사능력검정시험 지정 강사(한국교총 원격연수원 지정)
세계사능력검정시험 지정 강사(세계사능력검정시험 운영처 지정)

저자 이만적은 고려대학교와 같은 대학원에서 역사를 전공했으며 연세대학교 대학원에서 철학을 전공했다. 현재 한국교총 원격연수원에서 현직 교사들을 상대로 한국사 직무연수를 담당하고 있으며 중앙대, 이대, 한림대 등 여러 대학교에서 사교육 강사들을 상대로 한국사와 세계사 지도법을 강의하고 있다. 또한 여러 학원과 기업에서 한국사, 세계사, 철학 등 인문학 강의를 하고 있다. 중앙일보PLUS 역사논술시리즈, 한국사능력검정시험과 세계사능력검정시험 대비서, 이만적 한국사대백과 등이 있다.

무료강의 한국사능력검정시험 대비 강의, 세계사능력검정시험 대비 강의,
　　　　　 인문학 강의 등 /www.manjuk.net

2018년 1월 22일 초판 1쇄 발행

편 저 자	이만적
편　　집	손영곤 · 양순기 · 구민우 · 이문숙
삽　　화	이영만
펴 낸 이	윤호병
펴 낸 곳	(주)보고미디어
출 판 등 록	제301-2011-061호
주　　소	서울시 관악구 신림동 1666-24 백두빌딩 201호
전　　화	1544-7126
학 습 문 의 처	leemanjuk@naver.com
홈 페 이 지	http://www.papergold.net
I S B N	979-11-7006-192-2
정　　가	26,000원

인문학동네는 (주)보고미디어의 인문학 전문 브랜드입니다.

본서의 무단 인용·전재·복제를 금합니다. 이 책에 실려 있는 내용은 모두 저자에게 저작권이 있습니다. 저자의 서면 허락 없이 이 책의 내용의 일부 또는 전부를 무단 인용·전재·복제하면 저작권 침해로서 5년 이하의 징역 또는 5천만원 이하의 벌금에 처하거나 이를 병과할 수 있습니다.
저자와의 협의하에 인지를 생략합니다.